幸せな企業買収 不幸せな企業買収

マネーゲームM&Aの正しい読み方

埼玉大学経済学部教授
相沢幸悦

水曜社

はじめに

２００５年２月８日、日本にアメリカ型株主資本主義を強引に持ち込もうとするライブドアによるニッポン放送株買占めの事実があかるみに出ると、国論を二分する大騒ぎになった。ここで、アメリカだけでなく日本でも、なりふりかまわず金融収益の追求をおこなう株主資本主義が「美徳」とされるような危険性が出てきた。

それは、バブル経済が崩壊して平成大不況におちいったときに、日本版金融ビッグバンと称してアメリカの経済・金融システムをそのまま日本に持ち込もうとした政府のもくろみによるものである。どんなことをしても利潤を得ようとするアメリカ型市場原理主義が絶好調をむかえていたからである。

なんとかして、平成大不況を克服して、アメリカのように経済を興隆させたいという、はかない願望からであった。

おかげで、いまでは、日本市場は、情け容赦なく金融収益の追求をおこなうアメリカ金融資本だけでなく、日本の新興企業による草刈場と化しつつある。ライブドアによるニッポン放送株買占め資金だって、アメリカ金融資本の全面的資金支援によって集められたものである。

ニッポン放送株の買占めに成功したとわかるや、ライブドアは、つぎは、はなっから虎視眈々とねらっていたフジテレビ本体へのＴＯＢ（株式公開買い付け）をかけるのではないかと報じられた。買収もしていないのに、買収先の資産を担保に資金を調達してＴＯＢをかけるＬＢＯ（レバレッジド・バイアウト）をつかうのではないかといわれた。ＬＢＯはアメリカで１９８０年代にさかんにおこなわれたが、どうしてそんなことができるのか不思議でたまらなかったことをいまでもおぼえている。

フジテレビ買収には、数千億円の買収資金が必要だが、この資金は、すべて「裏で糸を引く」アメリカ金融資本が出しただろう。日本政府は、破綻した旧日本長期信用銀行の再建を直接アメリカ金融資本にゆだねたが、５兆円もの血税を払って、１兆円ちかくももうけさせ、国民のごうごうたる批判をあびたこのケースをみれば、ただちに了解できよう。

これからは、自分に都合のいい、なんでもいうことをきく「手先・操り人形」をさがし、その黒幕としてマネーゲームをしかけ、破綻した長銀再建に乗り出したときのように、膨大な金融収益をふところに入れようとするだろう。アメリカが提供できる資金力は、われわれの常識をこえている。数千億円、数兆円単位など屁とも思わない。実際に、アメリカでは、数兆円規模のＭ＆Ａ（企業合併・買収）もおこなわれている。

フジ・サンケイ・グループは、この敵対的買収から身を守るために、ニッポン放送所有のフジテレビ株を貸し出し、ライブドアのフジテレビへの影響力を排除した。

このニッポン放送株買占め劇は、どんなことをしても金をもうけようという弱肉強食型の経済・金融システムが本格的に日本に上陸する幕開けを告げる出来事だろう。

アメリカでは、だいぶ前から、会社を「金融商品」として売買してもうけることがさかんにおこなわれてきた。

一方、日本では、バブル期に土地が「金融商品」として売買された。しかし、欧米では、土地を転がしてもうける発想はない。土地は「神様」がつくったものだからである。だから、人間がつくった会社を売買してもうけることは、「倫理的・道徳的」な側面を別にすればなんら問題ではないのである。

ところが、日本では、会社を「金融商品」として売買するなど考えられないことで、会社を無理やり買収する人は、おうおうにして「乗っ取り屋」の汚名をきせられてきた。日本では、会社の構成員にきらわれるような不幸せな企業買収はあまりおこなわれてこなかった。

日本の株式市場も法人や機関投資家をのぞけば、ほんのひとにぎりの株好きの人の世界であった。だから、証券取引所のある日本橋兜町は「しま」とよばれ、独特の市場用語が飛び交う世界であった。銀行中心の金融システムはダメなので、証券市場を活発化させようということになったものの、それでもやはり、プロの世界のままである。

だから、ライブドアによるニッポン放送株買占めが発覚すると、連日テレビやラジオで大騒ぎになった。それまで、みたことも、きいたこともないむずかしいM＆Aや株式・市場用語が乱れ飛んだ。こういうむずかしい言葉を理解しないと生きていけない時代がきたんだ、としみじみ感じた人も多いことだろう。

ライブドアが日本社会に貢献したとすれば、M&Aや株式・市場用語を理解することの必要性と、会社が日常的に売買される時代がきたことを日本の人びとに認識させたことにある。朝起きてみたら、みたこともきいたこともない新興企業に会社が乗っ取られていたということが、いつ起きてもおかしくないことを企業経営者に知らしめた。それを覚悟した上で企業経営にはげまなければならない。

とはいえ、いい加減な経営をしていたら、乗っ取られるということであれば、それはそれとして日本経済にとって有益である。

その半面で、1980年代にアメリカでさかんにおこなわれたマネーゲームとしてのM&Aはあまりにもひどいので、いまでは、その本家アメリカでもやめようとなっていることを、われわれは知っておく必要がある。「いずれ俺のものになるから」と相手の資産を担保にして金を借りて買収をかけるなど誰がみてもおかしい。このような不幸せな企業買収は、本場のアメリカでも激減してきている。

M&Aは、あくまで経営の効率化、ものづくり経済の発展のために役立てるものであると思う。これからの日本に求められているのは、このような幸せな企業買収である。

ニッポン放送株買収劇は、3月24日にその第一幕をおろした。

前日、ライブドアの支配力低下をもくろんだニッポン放送によるフジテレビむけ新株予約権発行が東京高裁でも差し止められ、ライブドアの全面勝利かにみえた翌24日、ニッポン放送保有のフジテレビ株35万株（13・9％）あまりがソフトバンク・インベストメントに議決権付きで5年間貸し出されることになったからである。

大和証券SMBCにも22万株（8・6％）が貸し出されていたので、ニッポン放送保有のフジテレビ株がすべて貸し出されてしまった。ニッポン放送保有のフジテレビ株22・51％を通じて、フジ・サンケイ・グループを支配しようとした、ライブドアの野望はついえた。

そして、4月18日、フジテレビがライブドア保有のニッポン放送株をすべて買い取ることで和解し、ニッポン放送がフジテレビの完全子会社になることで、その第二幕をおろした。結局、買い占めた株を高値で引き取らせるマネーゲームにすぎなかった。

そこで、本書で、企業大買収時代の到来にそなえて、どうしてこういう時代がきたのか、アメリカではどうなっているのか、そして、M&Aの仕組みと基本的な言葉を解説することにした。

とくに、M&Aには、企業経営を効率化させ、企業を発展させる幸せな企業買収と、金もうけのためだけに会社を買って売り抜けるような不幸せな企業買収がある。厳密に区分けできないケースもあるが、本書でM&Aのあり方を考えてみるとしよう。

本書を読んでいただければ、これからますます激しくなる企業買収・買収阻止のうごきがよくわかるようになる。一般ビジネスマンばかりか、企業経営者にもぜひ読んでいただき、これからの経営に役立てていただきたいと思う。本書を脇においていただければ、テレビでのM&A報道をより深く理解することができると確信している。

これからの日本にとってきわめて重要なテーマで、執筆の機会をあたえてくださったブックダムの小川真理生氏に深くお礼を申し上げたい。

２００５年５月

相沢幸悦

目次

Ⅰ　マネーゲームM&Aと大買収時代の幕開けか

Ⅳ　M&Aによって日本的経営はどのように変容していくか

装幀・折原カズヒロ

I

マネーゲームM&Aと大買収時代の幕開けか

1　幸せな企業買収・不幸せな企業買収時代の到来

日本経済・金融システムの不合理さと閉塞状況に風穴をあけたとされるライブドア社長堀江貴文氏は、Tシャツをきて連日マスコミに登場した。

背広にネクタイというのは、半ズボンに靴下という封建時代の貴族に対抗した新興勢力の抵抗のシンボルであった。彼らは、封建制を打ち倒し、資本主義をつくりあげた。その背広とネクタイを拒否するライブドア社長は、旧勢力を打ち倒し、新しい時代のさきがけとなる変革の旗手にまつりあげられた。

しかし、資本主義生成期の「新興ブルジョアジー」は、かのマックス・ウェーバーにいわせれば、禁欲をむねとする敬虔なプロテスタントであって、「金さえあればなんでもできる」という世界とは無縁であったことを、われわれは想起しなければならない。

いいものをつくる資本主義が成立して、歴史上初めて人びとは「貧困」から解放された。資本主義以前の高利貸しは、相手がどうなっても貸した金を取り立てた。金を借りたらかえすのは当たり前だからである。もうけがすべてであった。金もうけがすべてのアメリカ型市場原理主義は、前近代的なシステムであるというのはいいすぎであるが、本来の資本主義の精神から逸脱している。

株式交換とLBOによるM&Aとは（図表1）

このニッポン放送株をめぐる攻防は、株式交換によるM＆Aの日本への本格的上陸の前哨戦である。

社会の一般常識は、人からものを買うときは、自分でかせいだお金を払うということである。住宅など高額のものを買うときには、買った自分の家を担保にして銀行からお金を借りて、毎月、節約したお金で返却する。20年や30年かけて返済し、完済して銀行の抵当権を抹消して、ようやく自分のものになる。

会社も、一生懸命かせいだ自己資金や銀行からの借り入れ資金、増資によって調達した資金で他企業を買収してきた。借金の利子は、新しい事業や会社を買収することで、経営を拡大し、増やしてきた利益から返却し、株式には配当をしてきた。本来、M＆Aは、経営の効率化・合理化、収益性の拡大のためにおこなわれるものなのである。この幸せな企業買収が基本である。

しかしながら、株式交換やLBO（leveraged buyout—レバレッジド・バイアウト、てこの原理を利用した資金調達）によるM＆A（企業合併・買収）がさかんにおこなわれるようになると事情が一変する。会社が「金融商品」として売買されるマネーゲームとしてのM＆A、すなわち不幸せな企業買収が横行してしまう可能性が出てくるからである。

ライブドアのように、自分の会社の株価を吊り上げる超高株価経営をおこなえば、いつでも現金をつかわずに、しかも少しの株式で、労せずに巨大なフジ・サンケイ・グループの形式的親会社であるニッポン放送を手に入れられる可能性が高かった。

ＬＢＯは、てこの原理を利用して、少ないお金で大きな投資ができる手法である。かつてアメリカでよくつかわれたこの方法は、買収先の資産などを担保にして資金を調達し、うまく買収したあとで、元本や高い金利を返済するというものである。少しの担保金を差し入れるだけで巨額の資金を借りられ、巨大企業すら買収できるので、レバレッジ（てこの原理）をつかった買収（バイアウト）といわれる。

やはりライブドアは、フジ・サンケイ・グループ支配をもくろんだ

ニッポン放送株の過半数を手に入れてもたいしたうまみがないので、はなっからねらっていたフジテレビをＬＢＯで買収するという噂が流れた。そうだとすれば、ライブドアによるニッポン放送株買い占めは、不幸せな企業買収ということになる。

フジテレビは、それを予期して配当を大幅に増やして株価を上げた。果たして、その可能性は絶無だったろうか。資金さえ調達できれば、ライブドアがフジテレビの株式の過半数を取得するのは、そんなにむずかしいことではないからである。

支配下においたニッポン放送がフジテレビ株の22・51％をもっている。同時に、外資がフジテレビ株を約20％もっている。フジテレビの対抗策で外資は、もっているフジテレビ株を売ったとすればじつに３００億円程度もうけたはずである。

図表1　世界のM&A市場

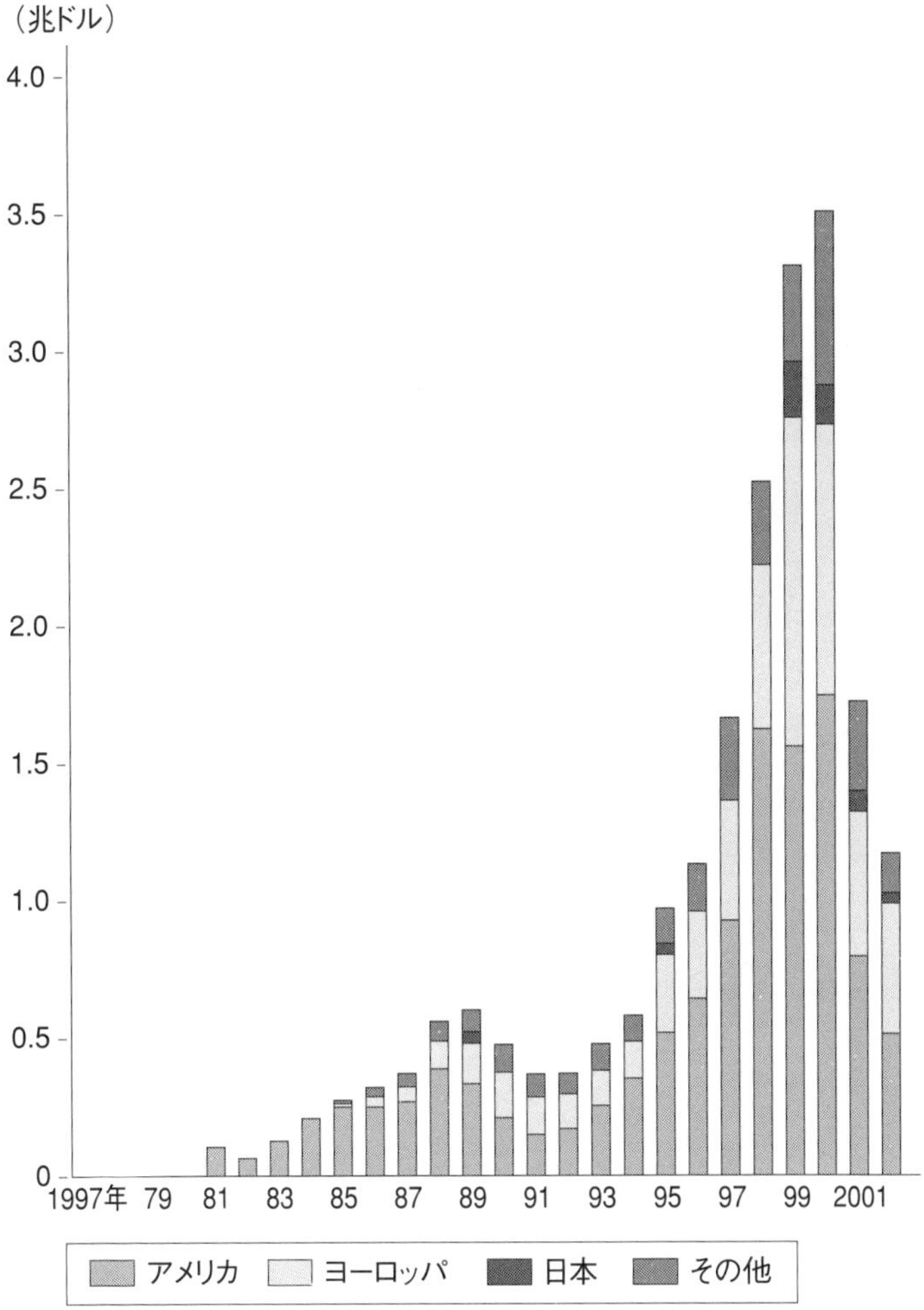

（出所）トムソンファイナンシャル

ライブドアがフジテレビにＴＯＢをかければ、外資は、高値で売り抜けることができるとともに、こんどは、ライブドアをつかってフジテレビからのもうけを吸い上げることもできる。外資は、フジテレビから利益を二重取りできるのである。

外資が20％をライブドアに売れば、ライブドアは、子会社ニッポン放送保有分とあわせてフジテレビ株の40％以上を保有できる。あと7％も取得すれば、フジテレビを子会社にできる。この場合、ライブドアは、三分の一を取得するわけではないので、堂々と時間外取引で買える。

金あまりの日本で外資に資金を出す人はやまほどいるし、有望な投資先なので、世界からも莫大な資金が集まる。フジテレビの株価など、アメリカの計算方法によれば低すぎるからである。うまみのある投資なので、外資は、何千億円も出すだろう。

かくして、巨大なフジ・サンケイ・グループが外資の間接支配下におかれ、アメリカ金融資本の金もうけの手段になりさがる可能性がある。だから、満を持して「正義の味方」ソフトバンク・グループがさっそうと登場した。しかし、「敵の敵は味方」かもしれないが、フジテレビによるソフトバンク・グループへの支援要請は、まさに両刃の剣であった。

こんな嘘みたいなことが、日本の企業にせまっている。「商法」改正で２００６年から、外資が株式交換で日本企業と合併できるようになるからである。へたをすれば、名だたる日本企業が根こそぎアメリカ金融資本と大企業に買収されて、日本人は、アメリカの株主のために働かなければならなくなるかもしれない。

そのすべてが不幸せな企業買収というわけではないであろうが、従来の日本的経営のいい面がすべて失われるとすれば、不幸せな企業買収ということになる。

外資との株式交換による合併は1年延期されることになったが、その間、少し頭を冷やして考えたほうがいいだろう。

アメリカでは、1980年代にLBOとかジャンク・ボンドといわれる低格付け債で調達した資金で「会社ころがし」をするマネーゲーム・不幸せな企業買収がさかんにおこなわれた。それは、あまりにもひどいということで、90年代以降、かなり減ってきている。

われわれは、どうして20年前にさかのぼって、アメリカの苦労を繰り返さなければならないのか。アメリカの教訓をしっかりと継承して、ものづくり経済を発展させるためのM&A・幸せな企業買収を推進していかなければならないのではなかろうか。

アメリカはマネーゲームM&A・不幸せな企業買収をやめた

ニッポン放送買収劇は、会社は誰のものかということを日本人に考えさせるいい機会となった。この考え方の違いが、どのように経済運営をおこなったらいいかということに大きな影響をあたえるからである。

会社は、株主のものであるという、一見、もっともらしいアメリカ型の考え方が日本に普及していくのは、しかたないことかもしれない。

でも、会社は、株主のものではあるけれども、取締役、従業員が一丸となって初めて、盛り立てられるものではないだろうか。敵対的買収で無理やり買収して、「俺が支配者だから、俺のいうことを聞け」という不幸せな企業買収では、会社は発展しない。アメリカの経験がそれを教えている。

ライブドアの社長が「金があればなんでもできる」といったと批判されているが、もしそういったとすれば、「人の心、企業への忠誠心は金では買えないよ」といわざるをえない。

気に入らないやつに株を買われたくなければ、上場などするなという。もちろん、金さえ出せば、誰でも株を買える。市場取引の原則は、買いは高いほう、売りは低いほうを優先する価格優先の原則、同じ価格であれば先に注文を出したほうを優先する時間優先の原則だけである。しかし、これはあくまで投資のために株式を売買するときだけのことである。

日本があこがれとする公平かつ透明で、先進的な株主資本主義の本場アメリカには、敵対的買収に対抗できるさまざまな方策がある。気に入らないやつが株を買おうとしても、経営から排除することができる。会社の経営に口出しされたくなければ、上場するなというのは、少なくとも現状のアメリカでは通用しない。株を買い占められても議決権を行使できないような対抗策がかなりそろっているからである。（図表2）

東京地裁にも東京高裁にも差し止められたニッポン放送の新株予約権のフジテレビへの割り当ても、ポイズンピル（毒薬条項）といって、事前に株主総会で了承されていれば実行できる。事

図表2　世界の敵対的買収

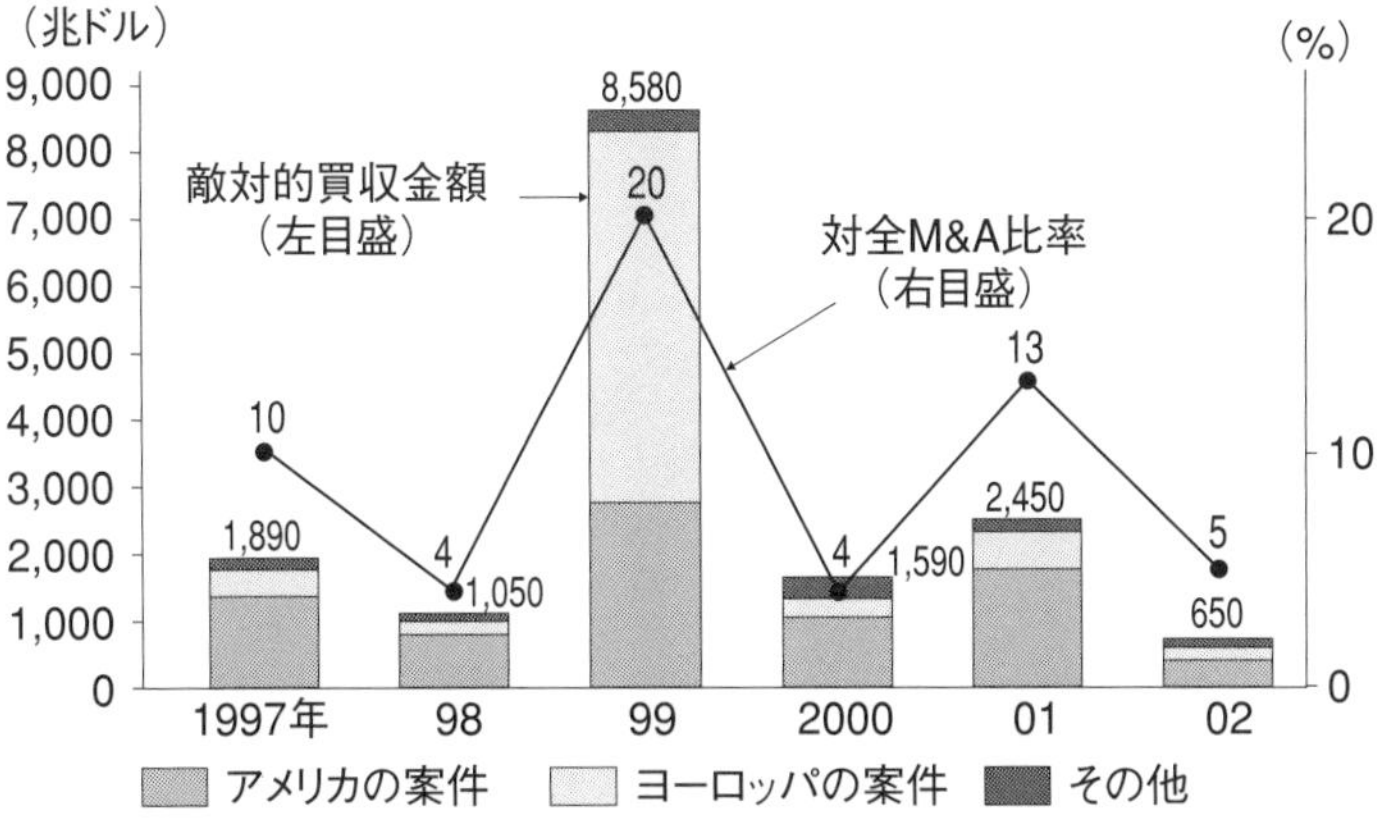

＊敵対的買収金額には案件開始時点で敵対的であったものを含む。
（出所）トムソンファイナンシャル

前に定款に入れておけば、買収されたら取締役などが多額の退職金をもらってやめ、企業価値を下げて買収の意味をなくするゴールデン・パラシュートとか、買収される前に優良資産を売却しておくとかができる。

友好企業や創業者などに合併についての拒否権をあたえたり、議決権を複数もたせることができる種類株（黄金株）の発行もみとめられている。

ライブドアの敵対的買収が失敗したら、日本の市場が信頼されなくなって、外資が日本企業を買収しなくなるといわれたが、そんなことはない。どう考えても、ライブドアがすばらしいビジネスモデルをもって、あたらしい日本をつくってくれると思えなかったからである。不幸せな企業買収をしかけたのである。

外資にけしかけられて、マネーゲームをおこなっているとしかみえなかった。ニッポン放送買収というのは資本のねじれを利用したもので、「フジテレビを買収」とライブドア社長が思わず本音をいったことがあるが、フジテレビをＬＢＯによって買収するとなったらやっぱり外資の「手先」か、ということになる。その瞬間に、フジテレビ株を大量に保有する外資がボロもうけするからである。

アメリカで20年前にさかんにおこなわれた敵対的買収が本格的に日本に上陸した。だが、アメリカでは、敵対的買収の多くは不幸せな企業買収で、経済の健全な発展の阻害要因になっているということで、既存株主の了承を得るという前提で、20年かけてさまざまな対抗策がこうじられてきた。アメリカが失敗したことをどうしていまさら、日本が繰り返さなければならないのか。

「紳士協定」資本主義は瓦解した

したがって、日本でも従来の「紳士協定」資本主義が崩壊したので、法律の不備をつかれないように、事前に緻密な法規制を手当てしておく必要がある。

たとえば、株主総会などの了承を前提に、ポイズンピルや乗っ取られそうになったらそれを拒否できる株式とか、いろいろな権利のついた種類株の発行がみとめられなければならない。そうしなければ、株式交換によって、日本企業が外資に安く買い捲られる可能性が高まるからである。

「証券取引法」が改正されて、時間外取引のうち、経営権の取得をめざした大量取得が「市場を通さない相対取引に類似する取引」と位置付けられ、三分の一を超える議決権の取得がＴＯＢ規制の対象となる。したがって、突然、三分の一超の株式を保有する大株主が登場することはなくなる。ただ、時間をかけて33％をひそかに買いつづけ、最後の０・４％を取得するのにＴＯＢをかけるということも規制するようにしなければならない。

ライブドアによるニッポン放送株買い占めは、「良識」とか「道徳心」などを別にすれば、原則的には、あくまで合法的行動であり、このようにしてもうけさせる可能性を生み出すような経営をおこなってきたフジテレビ経営陣に問題があるのはあきらかである。

相場師・投機家や投機的金融資本というのは、このような経済・経営の不合理さをついてもうけようとする資本形態である。要は、相場師・投機家にしても金融資本にしても、経済学的には、経済運営の不合理さを是正する「必要悪」的な存在である。日本経済もその程度はともかく、このような株主資本主義の段階に到達しつつある。

しかしながら、金を右から左に動かすだけで膨大な浮利を得られるようなことが横行すると、「額に汗して、安くていいものをつくる」という日本のよき伝統・美風が崩される。

したがって、経済政策担当者や企業経営者は、金融資本や相場師・投機家に莫大な浮利をみすみす「献上」するような経済・金融システムのゆがみを放置してはならない。不合理な企業経営をおこなってもいけない。ニッポン放送買収劇と、ＬＢＯによるフジテレビ買収の噂は、そのことを教えている。

2　どうやってライブドアはニッポン放送株を買い占めたのか

法律さえおかさなければ、また法律で禁止していなければ、どういう手段を使っても、利潤を得ようとするのがアメリカ型市場原理主義である。

金もうけがすべてか

この市場原理主義が株式市場の分野で貫徹されると、株式取引という独特のメカニズムによりさまざまな収益機会がうまれる。株主資本主義といわれるものである。ありとあらゆる方法を駆使して、市場において価格変動を利用して金もうけするのが株式市場の特徴なので、この市場で市場原理主義がとことん貫徹することになる。

したがって、アメリカではループホール（loophole）というが、法律の抜け穴をさがして商売をしてもうけるのは、脱法行為ではあるが、違法行為ではない。法律にふれないように「悪事」を働くとか、うまく法律の網をくぐって商売をするというのは、「道徳心」や「自尊心」を捨てさえすれば、なんら恥じ入る行為ではない。

資本主義生成期の資本家は、そのような行為を「恥じ入る」精神をもっていたが、現代のアメリカでは、そのような精神は捨て去られている。金もうけがすべての行動の基準となっているからである。

このアメリカ型株主資本主義を日本の金融システムに導入しようというのが金融ビッグバンなので、必然的に、日本市場は、情け容赦なく金融収益の追求をおこなうアメリカ金融資本の直接の草刈場となっている。

金融ビッグバンが実行されれば、日本の金融システムが近代化し、経済も発展し、顧客はいい金融商品を購入できるといわれたので、それに徹底的に反対した人はあまりいない。だから、アメリカ金融資本にもうけさせても、自業自得かもしれない。

しかしながら、われわれは、経営破綻した長銀にさんざん公的資金（じつに5兆円）を導入させたあげく、安く買い叩き、新生銀行として再生・再上場させたアメリカ金融資本が1兆円ちかい「天文学的」上場益をふところに入れても文句はいえないのだろうか。とはいえ、ボロボロの長銀を買収して、先駆的な銀行に再生させてくれたとすれば、結果的には、幸せな企業買収だったということになる。ここに、M&Aの評価のむずかしさがある。

買い占めのねらいはどこに

そうこうするうちに、日本の経済・金融システムにアメリカ型株主資本主義を強引に持ち込もうとするインターネット企業ライブドアによるニッポン放送株買い占めの事実があかるみに出た。

2005年2月8日、ライブドアは、子会社のライブドア・パートナーズが東京証券取引所

（東証）の時間外取引で東証二部上場のニッポン放送株式972万270株（発行済み株式の29・6％）を取得したと発表した。前日までに、ライブドアが購入した175万6760株（同5・4％）をあわせると、ライブドア・グループの持株比率は35・0％に達した。株式取得の目的は、表向きには、インターネットとメディアの融合のためということになっていた。

ライブドアのねらいはふたつあった。

ひとつは、少ない資金でフジ・サンケイ・グループを手に入れて、うまくいって、連結決算の対象にできれば、すべての利益がライブドアの利益になる。テレビとインターネットを融合することで、新しいメディアが登場する。フジ・サンケイグループが賛成すれば、幸せな企業買収である。

もうひとつは、ニッポン放送株を買い占めて、ほしくてほしくてしかたのないフジテレビに高値で引き取らせることである。すぐにフジテレビに買い取らせれば、マネーゲームM＆Aであっても、かならずしも不幸せな企業買収ともいえないだろう。

こうして、フジテレビが2005年1月17日におこなったTOB（take over bid――株式公開買い付け）に、ライブドアが対抗したのであるが、ライブドアが東証の時間外取引を利用してニッポン放送株の買い占めをおこなったことが問題視された。

時間外取引はなぜ合法か

「証券取引法」は、市場外で株式の保有比率が拒否権の発生する三分の一を超える上場株式を買い付ける場合には、買い取り株数や価格などを事前に公表するTOBの採用を義務づけている。

というのは、市場外取引は、通常、買う人と売る人が直接交渉する相対取引になるので、売買価格や株式数が広くあきらかにされることがないからである。そのためTOBによって、株主に平等に情報を公開し、取引の透明性をはかることになっているのである。

ところが、1998年に東京証券取引所（東証）が設置した時間外取引市場は、9時から11時半、13時から15時の立会い時間外におこなわれるだけで、市場内取引である。東証の市場内取引というのは、情報が開示されている市場ということなので、TOBを採用しなくてもいい。どうしてそうなったのか。

銀行が大量の持合い株式の解消売りなどを時間内取引でおこなえば、大量の売りが出て株価は大きく下落する。そこで、市場内の時間外取引市場で大量の株式が売買されていた。そのため、従来から、TOBを採用しなくても、時間外取引市場で大量の株式を買い占めることができるといわれてきた。

だから、市場内取引である時間外取引市場は、機関投資家などの売買を仲介する証券会社の「良識」で運営されてきたというのが実態である。そもそも、それがうかつだったのである。

従来のような「紳士協定」型資本主義の日本では通用したかもしれないが、アメリカ型株主資本主義の考え方からすれば、市場内大量取引は、完全なる合法行為であって、けっして脱法行為でもない。

この市場でライブドアは、8日の8時22分から46分の間だけで5回（売買代金50億円以上の超大口約定）と1回（それ以下）にわたって972万株あまりを6050円で購入した。この時間外取引での買い占めは、あくまで市場内取引ということなので、まったく法律に抵触するものではない。ライブドアは、堂々とニッポン放送株を買い占めた。事前に売買を約束していたとすれば違法だが、状況証拠があるだけである。

そもそも、証券会社や企業の「良識」にたよってきた経済システムが間違いなのである。TOBの趣旨に反しようと、法律にふれなければ、買い占めてなにが悪いというアメリカ型の市場原理主義がようやく日本にも上陸してきたからである。TOB導入の趣旨に反するなら、時間外取引を市場取引などにするなということである。

とはいえ、このような手法は、アメリカではみられないものである。アメリカでは、敵対的買収者は、TOBや委任状争奪戦によって、株主の信認を得るような努力をする。

しかしながら、ライブドアは、ニッポン放送の株主に対して、買収者として適切かどうかを判断させる機会をあたえずに、ひそかに合法的に大量の株式を買い占めたが、これはアメリカでも市場ルール違反である。

3　なぜねらわれたニッポン放送——資本のねじれ

ライブドアによるニッポン放送株買い占めが、たんに、ニッポン放送だけのことであれば、これほどの大騒ぎになることはなかった。フジテレビを設立したのはニッポン放送であるが、いまでもニッポン放送が形式上親会社であるところにすべての問題がある。（図表3）

事業規模は、その後、フジテレビのほうがはるかに大きくなった。しかし、ニッポン放送を設立した創業家は、ニッポン放送の株式を持ちつづけることでフジテレビや産経新聞、ポニーキャニオンなどのフジ・サンケイ・グループを支配してきた。少ない資本で巨大なグループを支配する合理的な方法である。

同様の方法で西武グループは、コクドという会社を創業家がおさえることで支配できた。ただ、株式の名義借りとか、上場基準をクリアするために有価証券報告書に虚偽の記載をするなどはいけない。これは、「証券取引法」に違反する行為だからである。

フジ・サンケイ・グループの場合、創業家がニッポン放送に影響力をおよぼすことで、全グループを支配することができた。創業家は、ニッポン放送やフジテレビの株式を自分の名義で保有していた。したがって、創業家を追放するということは、その間隙をぬって、少ないお金で大きなグループを支配することをもくろむものが出てきてもおかしくないという状況にあった。

上場が契機に

このニッポン放送を1000億円程度というべらぼうに少ない資金で買収できれば、1700億円もの資本・利益剰余金をつかうことができるし、フジ・サンケイ・グループも支配できる。こんなうまい話がころがっているのに、みすみすフジテレビにわたすのはもったいないと思うのは、ごく自然である。日本人がそんなことをするはずがないと高をくくっていたところにフジテレビ経営陣の誤算があった。

以前から、その危険性は指摘されていたからである。少ない資本で巨大なグループを「合理的」に支配することが成り立つための大前提は、株式が上場されていないということである。しかし、上場されて、ある程度の株式が市場で取引されるようになると事情が変わってくる。

ニッポン放送から創業家を追い出すためには、株式を上場しなければならなかったというところに大きなジレンマがあったが、1996年にニッポン放送は東京証券取引所に上場した。

ニッポン放送のような財務体質のよい企業が上場すれば、株をどんどん発行することができる。株を大量に発行しても創業家に売らないようにすれば、創業家の持株が一定なのに、発行済み株式という分母がどんどん増えていくので当然、創業家の持株比率が下がっていき、影響力が弱まる。

1996年の上場時点でニッポン放送は、51％のフジテレビ株を保有していた。翌97年には、フジテレビも東京証券取引所に上場した。ニッポン放送とフジテレビは、さっそく増資をおこなった。その結果、創業家のニッポン放送株保有比率は8・01％まで低下するとともに、ニッポン

図表3　ニッポン放送の資本関係（2005年3月末）

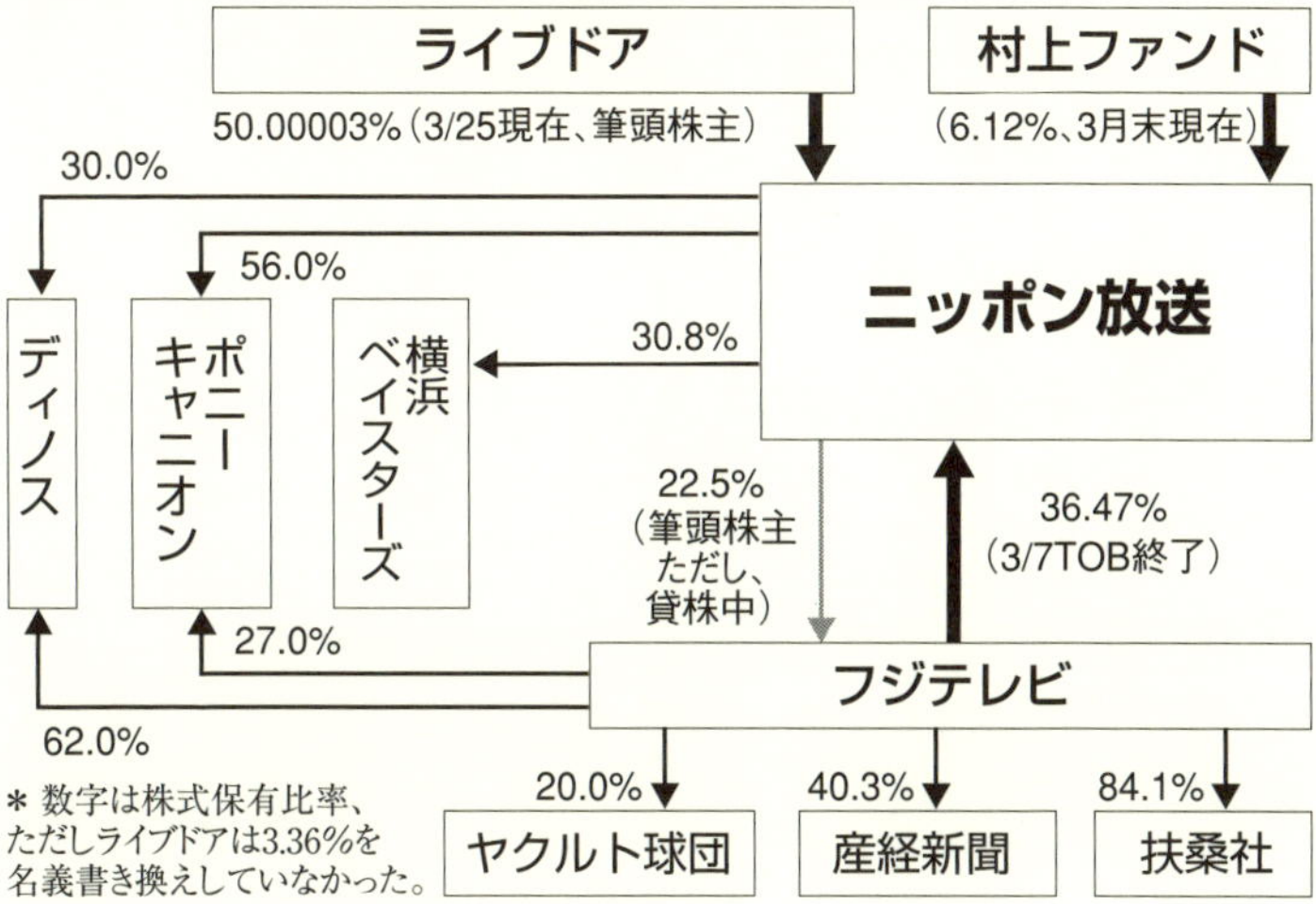

＊数字は株式保有比率、ただしライブドアは3.36%を名義書き換えしていなかった。

放送のフジテレビへの出資比率も22・51%に低下し、創業家の影響力がそがれた。

そして、とうとう２００４年５月、大和証券ＳＭＢＣが創業家の保有していたニッポン放送株の議決権などの株主権利（信託受益権）を買い取り、２００５年１月４日に株式に転換した。この株式転換を完了した後の１月17日にフジテレビはニッポン放送株の大量取得をめざして、ＴＯＢを実施すると発表したのである。

じつは、資本のねじれを解消するには、フジテレビがニッポン放送を子会社にするという方法以外にもうひとつあった。

自社株買いがよかったか

フジテレビがニッポン放送の保有するフジテレビ株を買い取る方法である。しかし、自社の株を買うとその株は議決権を失う。自分の作成した株主総会に提出する議案に、自分が賛成するということになるからである。

したがって、必然的にフジテレビの外資の保有比率17・93%（2005年2月1日現在）が変わる。フジテレビがニッポン放送から自社株を購入して、持株比率22・51%分の議決権が消滅すれば、外資の持株比率は23・1%に上昇してしまう。「電波法」は、放送局の議決権株式の20%以上を外国人や外国企業が直接保有することを禁止している。結局、フジテレビは、放送局の免許を取り消される。

もし、フジテレビの経営者がそんなことをしたら確実に無能経営者の烙印をおされる。それは、こういうことである。放送局は、外資の株式保有比率が20%を超えたら、その分についての名義書き換えを拒否できる。ただ、名義書き換えができないものの、配当は受け取ることができる。20%を超えた分の議決権の行使ができないだけである。

だから、外資が60%以上保有しないかぎり、あまり問題はない。日本人の持株比率が40%超あれば、外資の議決権は20%未満なので、株主総会で重要事項の拒否権をもつことはできないからである。外資の議決権のうち40%が行使できないということは、外資の実際の議決権比率は、60分の20未満、すなわち三分の一未満となる。外資に60%以上買い占められたら、三分の一超となるが、そんなことをゆるしてしまう経営者は、経営者失格であろう。

そういうわけで、フジテレビは、最初からニッポン放送の完全子会社化をねらっていたのである。なぜなら、ニッポン放送は、ポニーキャニオンという優良企業を子会社にもっているので、傘下において連結決算にすれば、フジテレビの収益構造は飛躍的に向上することは間違いないからである。株価は暴騰するだろう。そうすれば、買収資金がかさむので、フジテレビ株が買い占められることはない。フジ・サンケイ・グループ安泰というわけである。

4　なぜねらわれたニッポン放送——不幸せな企業買収

ニッポン放送株買収劇は、ふたつの点で従来の日本的経営に警鐘を鳴らしている。資本のねじれを放置してきたフジ・サンケイ・グループ経営陣の問題、もうひとつは、ニッポン放送の株式を三分の二以上買い占めてつぶせば、買った株価より多くのお金が入ってくる可能性があったという信じられない事態である。

ニッポン放送の株主の持分である株主資本は2004年9月で1734億円であるが、総資産に占める比率は、なんと75％にもおよんでいる。負債は25％くらいしかないということである。利益剰余金がとにかく多い。50％超の株主になって、この利益剰余金を配当にまわせば、株価は暴騰する。

ニッポン放送の時価総額は、当時、せいぜい2000億円程度にすぎなかったのに、資産として保有しているフジテレビ株の時価はじつに1300億円あまりもあった。総資産は2298億円なので、フジテレビ株は50％以上を占めていた。

収益面でも売上高の半分以上は、ニッポン放送が56％を保有しているポニーキャニオンによるものである。2004年9月期は、本業のラジオ事業の売上高は全体の四分の一、営業利益はわずか5億円であった。2005年3月期決算での予想営業利益35億円のうちラジオ事業の営業利益はわずか1億円であった。（図表4）

株価は低すぎた

買収劇がはじまるまでは、ニッポン放送の株価は、あまり適正なものではなかった。財務体質がいいにもかかわらず、相対的に株価が低かったので、従来、連結ベースの株価純資産倍率（PBR）は1倍以下であった。

PBRというのは、1株当たりの総資産から負債を引いた株主資本に対して何倍の株価で買われているかという投資指標である。要するに、会社が解散したら株主に分配される金額が株価の1倍以下ということは、ニッポン放送株を買い占めてつぶせばもうけられるということである。

ニッポン放送の1株当たり株価純資産は、買収劇がはじまるまではだいたい5000円前後であった。しかし、2003年あたりには、株価は3000円を下回ることもあった。ここで「錬

図表4　ニッポン放送の実態

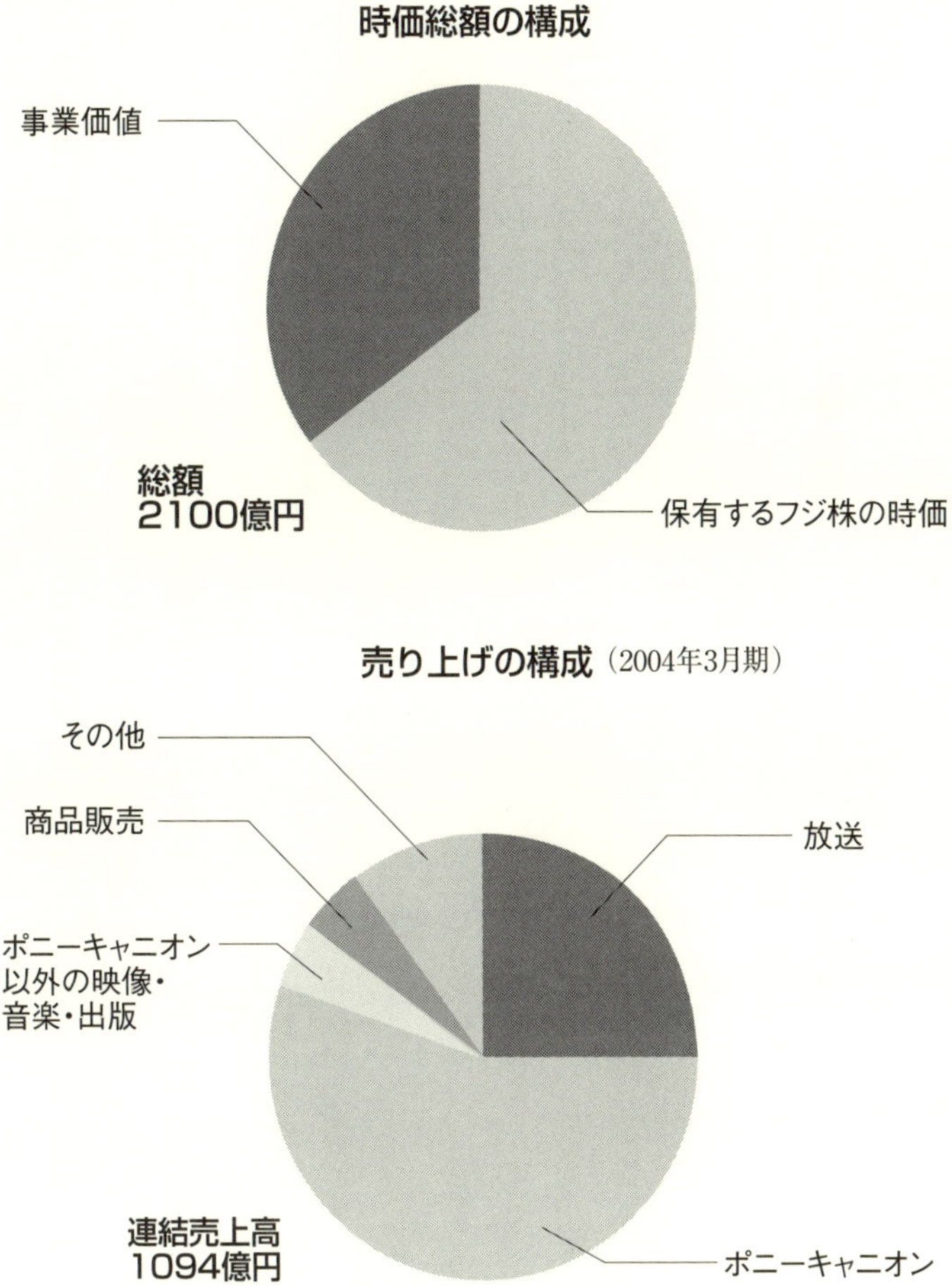

金術」、すなわち典型的な不幸せな企業買収が成り立つ。

ニッポン放送の株価が3000円のときに、買入価格10％高の3300円で、三分の二以上の取得を目標とするTOBをおこなえばいい。時価よりも1割も高く買ってくれるのだから、利害関係者以外の株主はだいたいTOBに応ずる。定期の預金金利もよくて0・07％程度の超低金利の時代にべらぼうな高「金利」だからである。

必要資金は、議決権を有する株式総数約3280万株の三分の二は2200万株、たかだか726億円である。この資金の提供者は多い。表面に出てこういうことをおおっぴらにおこなうのははばかれるので、金を出すからやってみろといって、けしかける人はやまほどいるからである。計算上は、もうかるのは確実だからである。

ただ、「道徳的・倫理的」な観点から袋叩きにあうので、普通はしない。社員を失業させ、路頭にまよわせるからである。やってやるというのが出てくれれば、もちろん担保らしきものはとるだろうが、726億円くらいすぐに提供する。これは、金融法則に反した「ローリスク・ハイリターン」の投資である。

つぶしてもうける不幸せな企業買収

三分の二以上の株式を買い占めることができ、議決権行使が可能となったら、ただちに臨時株主総会の開催を要求する。臨時株主総会で会社の解散を決議して、さっそく清算手続きに入る。

1株当たり株価純資産が5000円であったとすれば、理屈のうえでは1株当たり5000円もどってくるということになる。3300円の投資をおこなって5000円を回収できる。2200万株分だから、粗利は、なんと374億円なり。資金提供者は、その三分の一弱、100億円の分け前をもらえば、投資収益率じつに約15％なり。

もちろん、現金で返却してもらうこともあるが、これはまれで、だいたいは、資金調達をした会社の新株を引き受ける。社会的に叩かれたとしても、会社は「合法的」にもうけているので株価が上がるからである。

また、ニッポン放送株買収劇の場合のように、どうしても資金がほしいという会社の弱みに付け込んで、もう少し、有利な条件をつけて、もっともうけることもある。

いうまでもないが、これはあくまで計算上の空論である。というのは、会社を解散するということは、資産を売却するということだからである。

たとえ、どれだけ資産価格が時価で正確に財務諸表に記載されていたとしても、買ってくれといえば、買い叩かれる。帳簿上の価格どおりには売れない。ましてや、時価会計の時代といえども資産価格が時価どおりに正確に記載されることは期待するほうが間違っている。経営状態をよくみせたいというのが人情なので、あくまで法に抵触しない程度で、会計上みとめられた範囲で、資産価格は多めに記載されているはずだからである。

だから、いくら計算上の1株当たり株価純資産が5000円といったところで、予期した値段で資産が売れないのだから、利益が減って、1株当たり分配されるのは3300円くらいになってしまうであろう。

これは、会社が清算された場合に、株主がのこった財産の分与をうけることができる株主権のひとつで残余財産分配請求権といわれるものである。

東証一部・二部上場企業のうち、なんと約550社がPBR1倍以下である。ということは、つぶしてもうける不幸せな企業買収にみまわれる企業がやまほどあるということである。緊急に対抗策の構築が求められる。

日本ではそんなことはなかった

従来、日本でこのようなことがおこなわれることはなかった。会社を乗っ取ってつぶしてもうけるということは、「社会正義」という観点からゆるされないことだからである。

会社を「金融商品」として売買するという発想そのものがなかったからである。金もうけのために会社を清算するということは、経営者はともかく、経営になんの責任もない従業員から職をうばい、路頭にまよわすことになるからである。

他人がどうなっても、金もうけのためなら法律で禁止していないことを、なにをやってもいいというアメリカ型株主資本主義の考え方でなければできない所業である。

もちろん、株主資本主義信奉者の言い分からすれば、乗っ取られて清算され、もうけさせるような経営をおこなってきた経営者が悪いということになる。そんな無能な経営者のもとで、能天気に働いている従業員が「間抜け」だということなのである。さしずめ、労働者の「自己責任」ということなのだろうか。

5　村上ファンドが日本の「黒幕」か？

ニッポン放送株の50％超を保有すれば、フジテレビ、産経新聞、ポニーキャニオン、新しい歴史教科書の販売元の扶桑社などのフジ・サンケイ・グループを支配することができる。連結決算の対象になれば、これらの利益が50％超の株式を保有する会社の利益になる。少ない投資で利益が増えれば、株価はますます上昇する。

そうであるがゆえに、フジ・サンケイ・グループは、ニッポン放送のあとにフジテレビが東証に上場した段階で、このねじれ関係を解消しなければならなかったのである。

しかも、ニッポン放送を買い占めてつぶせばもうけられる可能性もあった。このように、フジテレビよりも事業規模が小さなニッポン放送がフジテレビの親会社になっているという、この資本のねじれを放置したまま上場したら、ニッポン放送の株式が買い占められるのはあきらかであった。少ない資金で、巨大なグループを支配できるチャンスは、そうそうころがっていないからである。

それをはやくから指摘していたのが、M&Aコンサルティング（いわゆる村上ファンド）である。

東京スタイルで委任状獲得にうごく

同ファンドは、村上世彰元通産官僚が設立した。

それまでの日本の投資ファンドは、投資判断にあたって受身の姿勢が強かった。アメリカの機関投資家のように、経営に口を出して、ああしろとかこうしろということはなかった。だから、投資ファンドのパフォーマンスはあまりかんばしくなかった。そのような運用姿勢に風穴をあけたのが同ファンドである。手始めに標的となったのが東京スタイルという会社である。

同社は、現金などの流動資産が多いわりに株価が低かった。要するに、PBRが低かったのである。

村上ファンドは、同社の株式をある程度買い占めたうえで、株主総会で、配当を大幅に増額する議案を提案するために、委任状を集めた。議決権を委任してもらうのが委任状であるが、これを集めて自分のものとあわせて過半数の議決権があれば、思いどおりの利益処分の議決ができる。

配当が大幅に増えると、インカムゲインを多く獲得できるが、そんなことはたいしたことではない。株価が暴騰することがより重要なのである。

1000円で買った株価が数千円になる。この差額がキャピタルゲインといわれるものである。もし、10億円も買っていたとすれば、売却によるもうけは数十億円となるだろう。さすがに、このようなことが横行したら、あちこちの株主総会で利益を全部放出しろといわれるので、同ファンドに委任状をゆだねる企業はあまりなかった。

結局、このときには失敗したが、このような経営のゆがみをついてもうけようとするファンドがとうとう日本にも登場したのである。

ニッポン放送介入の第一幕

つぎに、同ファンドは、ニッポン放送にねらいをさだめた。上場していて、自由に購入できるニッポン放送株18・5%を2003年7月に取得して、一躍大株主に躍り出た。同ファンドは大株主として、ニッポン放送に代わるグループの持株会社を設立して、事業を効率的に再編するように求めていた。

はやいうちに資本のねじれを解消しないと、外資に乗っ取られる可能性も出てくるからである。法の不備をついて、外資がニッポン放送株を間接的に買い占めるとフジ・サンケイ・グループという日本の巨大なマスコミが外資の支配におかれる。これほどまでにうまみのあるビジネス・チャンスを外資が見逃すはずがない。そのために、日本に金融ビッグバンをせまって、外資が日本市場で自由に行動できるようにさせたのであろう。

もちろん、村上ファンドは、けっして国を思う気持ちからそんなことをしたのではない。フジテレビが外資に対抗し、再編にむかえば、フジ・サンケイ・グループは、どうしても村上ファンドの保有株式が必要になってくる。そうすれば、高く売れることになる。

同ファンドは、2003年7月16日に560万株あまりを購入したと発表したが、この日のニッポン放送株の終値は3400円であった。案の定、フジテレビは、5950円でTOBをおこなってきた。もし同ファンドが3400円で買ったとして、TOBに応ずれば5950円で買ってくれる。1株当たり2550円程度、総額で143億円あまりのボロもうけのはずである。

ニッポン放送介入の第二幕

ところが、そんなもので満足しないのが、アメリカ型株主資本主義の「精神」を体現していると思われる村上ファンドの真骨頂である。

どうしてもニッポン放送の過半数の株式を取得しなければならないフジテレビのお家の事情を逆手にとったのである。

同じビルに事務所をおくライブドアをけしかけて、ニッポン放送株の三分の一超の買い占めをおこなわせれば、フジテレビのTOBは失敗する。フジ・サンケイ・グループの支配構造がゆがんだままになるし、下手をすればライブドアという新参者に支配される、面子にもかかわるということで、結局は、フジテレビはTOB価格を引き上げて高値で買い取らざるをえないというシナリオを描いたのではなかろうか。

ライブドアに資金を提供する外資の手配もしたのだろうか。

おそらく、ライブドアも売り抜けてもうけようと思ったことだろう。

もちろん、「証券取引法」では、主要株主が株式の取得から6カ月以内の株式売買で利益を得た場合、企業は、利益の返還を求めることができることになっている。だから、本来は、売り抜けはむずかしい。おそらく、TOBを失敗させて、交渉して、6カ月経過後に全保有株をライブドアの言い値、おそらく最高値の7800円くらいであれば売るという密約をむすぶつもりだったかもしれない。

6050円あたりでニッポン放送株を買い占めたので、1株当たり1700円くらいのもうけ、1150万株あまりなので約195億円なり。その後、買い進めたのが250万株くらい、おそらく6500円程度で買っているので、1株当たりのもうけは1300円あまりで計約30億円、総計で230億円程度はもうけられるはずだったのではなかろうか。

ライブドアの買い占めが発表されると、思惑がずばり的中し、ニッポン放送の株価7800円まで暴騰した。

ところが、予想に反して、フジテレビがただちにTOBによる株式取得目標を25％に引き下げたので、株価は下落した。創業家を追い出すために熾烈なたたかいをくぐりぬけてきた老練なフジテレビの日枝久会長にとって、いまさら、新参者に邪魔されてたまるかという思いだったのであろう。

フジテレビの頑強な抵抗に遭遇したライブドアは、売り抜けではないのだということをアピールするために、ニッポン放送株買い占めのビジョンの提示をせまられた。幸せな企業買収であることを証明しなければならなくなった。

もちろん、プロ野球球団の買収に名乗りを上げたり、高崎競馬の買収をおこなおうとしたり、総合的な経営ビジョンがないライブドアに、ニッポン放送株買収によるフジ・サンケイ・グループの再編など語れるはずがない。だから、テレビはなくなるとか、ニッポン放送には価値がないとか、わけのわからないことを言い出したのである。

唯一の日本の勝利者は？

この一連のニッポン放送株買収劇で漁夫の利を得たのは、村上ファンドであろう。ＴＯＢが３月７日に終了してもライブドアが買い進めることはあきらかであったので、ニッポン放送の株価はＴＯＢ価格５９５０円を上回ったままであった。

同ファンドは、２月中にニッポン放送株４９６万３０４０万株を大量売却し、保有比率を18・57％から３・44％にまで低下させた。この期間のニッポン放送株の株価はだいたい６５００円程度であったので、購入価格が３４００円で売却価格が６５００円だとすれば、売買益はじつに１５４億円、ＴＯＢ価格での売却よりも11億円も高く売れたのである。

これは推測であるが、結局は、投資家から資金を集めた同ファンドがボロもうけしたことだけはたしかなことであり、このファンドに虎の子の資金をあずけた投資家のためにいい仕事をしたことになる。日本にいままでいなかった、「ものをいう」株主の面目躍如というところである。

東京スタイルで失敗した同ファンドは、役立たずファンドの汚名返上に大成功した。ニッポン放送買収劇では、同ファンドの村上世彰社長は、慎重に行動し、当初のライブドアの堀江貴文社長と違ってマスコミに登場してペラペラしゃべることはなかった。「黒幕」は、けっして表面に出てはいけないからである。

6　外資が「黒幕」?——ライブドア転換社債型新株予約権付き社債発行

ここで注目すべきことは、ニッポン放送株買い占めにさいして、じつは、ライブドアが現金をほとんどつかっていないことである。

商品やサービスを買うときには、普通は、現金を支払う。カードで支払うにしてもあとでお金を引き落とされる。ところが、株式会社の場合には、買収にあたって自分の会社の株と交換することができるようになった。株式交換というのは、いままで、買収相手の株主だった人たちに、自分の会社の株主になってもらうということである。

これは、アメリカでさかんにおこなわれてきたことであるが、日本でも活発化してきた。そうすると奇妙なことがおこりはじめた。

売り上げと時価総額があわない

2005年2月9日現在のフジテレビの株式時価総額が5861億円、ニッポン放送が2558億円であるのに対して、ライブドアは3016億円もあって、東京証券取引所二部上場企業であるニッポン放送より多い。こういうことは珍しいことではないが、あまりない。

2004年3月期の売上高は、フジテレビが4559億円、ニッポン放送が1094億円であるのに対して、ライブドアは308億円（9月期）にすぎない。

売上高だけで企業の規模はきめられないが、それにしても、同じようなメディア企業といわれる三社である。時期はちがうが、売上高でフジテレビの一五分の一にもすぎないライブドアが、時価総額ではおよそ半分というところに、ニッポン放送買収劇の本質がある。

このようになったのは、ライブドアが超高株価経営をおこなってきたからである。そのひとつの手段として、ライブドアは、2000年1月から株式を3万分割してきた。（図表5）

実現しないことが最初からわかっているのに、プロ野球球団買収に名乗りをあげて、ライブドアという名前をマスコミでただで宣伝してもらう。

図表5　主要インターネット企業の時価総額と創業者の持分比率

	時価総額	創業者（CEO）の持分比率（%）
ヤフー	3兆6222億円	41.9% ソフトバンク 32.4% ヤフーインク
ソフトバンク・グループ	1兆8063億円	32.5
楽天	1兆159億円	53.8
ライブドア	2550億円	40.8
インデックス	2039億円	26.0
グローバルメディアオンライン	1201億円	47.4
サイバーエージェント	1124億円	28.3
有線ブロードネットワークス	1360億円	51.0
フォーサイドドットコム	1509億円	37.0

※ 創業者の持株比率は親族、創業者による資産管理会社を含む。
※ 2004年11月26日 現在
（出所）marr

株価が上がれば、分割して買いやすくする。増えた株式をつかって、企業買収をおこなう。買収した会社の利益が上がれば、またライブドアの利益が増えて、株価が上がる。利益が上がるのであれば、社会的に批判されるようなネット・サービスもいとわない。

プロ野球球団の買収に名乗りをあげて全国に知られるようになったライブドアは、２００４年１月には、業務ソフトを販売する弥生を買収し、２００５年１月になると西京銀行と共同出資でインターネット専業銀行を設立することを発表した。提携しているインターネット電話ソフトを提供するルクセンブルクのスカイプ・テクノローズとの関係も強化している。

超高株価経営はどうしてできる

ニッポン放送株買収劇の幕が開くと、連日テレビに登場し、M&Aの第一人者と宣伝してもらった。講演会には、8万円もの会費を払っても聴衆が殺到した。

ニッポン放送株買収劇を演出したが、フジテレビに高値でニッポン放送株を引き取らせるのに失敗すると、つじつまをあわせるために、とりあえず幸せな企業買収の構想をぶち上げた。

ニッポン放送との業務提携によって、番組情報などに限定されている同社のホームページの内容を拡充し、ラジオのユーザーのポータルサイトをめざし、ニュースやバラエティなどの情報を流したり、物販や金融ビジネスにもつなげるという。最終的には、ニッポン放送を足がかりにして、インターネット主体にしたフジ・サンケイ・グループを作り上げていくようであった。しかしながら、これは、あとからつけた理屈づけで、無理があった。

ライブドアは、自社の株価を引き上げて、その株を「お金」のかわりにつかって、あちこちの会社を買収している。

自社の株価が1000円で買収先の会社の株価が200円であれば、自社株1株で相手の会社の5株を手に入れられる。自社の株価を2000円にすれば、10株と交換できる。こうして、マスコミに宣伝してもらって、株価を上げ、あちこちの会社を買い捲って企業規模を大きくする。

たとえば、2004年8月に買収したロイヤル信販株1株に対して、ライブドア株3万1000株と交換した。11月に買収した弥生株1株に対してライブドア株75・05株と交換した。

利益が出ない企業は切り捨て、もうけの出る企業だけがのこれば、グループの利益が増える。

そうすればまた株価が上がる。

傘下の会社の社員には、徹底的な能力給を適用し、かせげる社員には高給を支払うが、そうでない社員は整理する。アメリカ型経営で人を働かせてもうけ、自分の会社の株価を引き上げるという典型的な株主資本主義経営である。まさに、現代版「寄生企業」である。

本来、東証の新興企業向け証券市場であるマザーズといえども株式上場企業たるもの、社会的に批判されるようなネット・サービスを提供してはならない。あの「金もうけの権化」のようなアメリカ社会でさえ、企業の社会的責任が問題とされている。社会的に批判されても、屁とも思わないような企業のことだから、うまいもうけ話にとびつくのは当たり前のことであろう。

こうして、日本において典型的なアメリカ型の高株価経営をおこなってきたので、時価総額が東証二部上場のニッポン放送よりも大きくなった。このライブドアに買い占め資金を提供したのがアメリカ系のリーマン・ブラザーズ証券である。

転換社債型新株予約権付き社債（CB）で買収資金を調達

リーマン・ブラザーズ証券は、ライブドアがニッポン放送株取得資金800億円を調達するために発行した「CB」の割り当てをうけた。

CBは、2003年4月施行の改正「商法」で新株予約権制度があたらしく取り入れられたことによって発行可能になった。新株予約権というのは、会社が予約権者に新株を発行するか、または会社のもっている自己の株式をわたす義務である。

ＣＢは、新株予約権の付いた社債として発行されるが、その場合、通常は、社債の価格と将来の権利行使のさいの株式払込金の金額が同額とされる。

つぎに、実際の予約権を行使するさいには、株式の代金の支払いを社債でおこなうので、権利が行使されたあとには株式だけが存在する。

要は、ライブドアは、「紙」にすぎないライブドア株をわたせばいいのである。ライブドアの経費は、株券の印刷代だけである。いずれペーパーレス化で「紙」もなくなるので、印刷代もいらなくなる。ライブドアは、リーマンに「紙」をわたして８００億円を手に入れたのである。まさに現代版「錬金術」である。

ＣＢは、あらかじめ定められた価格（転換価格）で普通株式に転換できる社債であるが、ライブドアが発行したＣＢは、転換価格修正条項付きＣＢというタイプである。

普通は、いくらで株式に転換するかは事前にきめられている。その価格が変動するのがこのタイプである。当初の転換価格は４５０円であるが、転換価格は毎週見直され、転換価格の下限は１５７円である。しかも、転換価格は、前週末3日間の加重平均価格よりも10％低く設定される。（図表6）

したがって、リーマンは、ライブドアの株価が下がれば下がるほど多くの株式に転換できる。転換前に株を借りてどんどん売って株価を下げ、安くなった株を購入して返却するか、転換した

図表6　ライブドアの資金調達

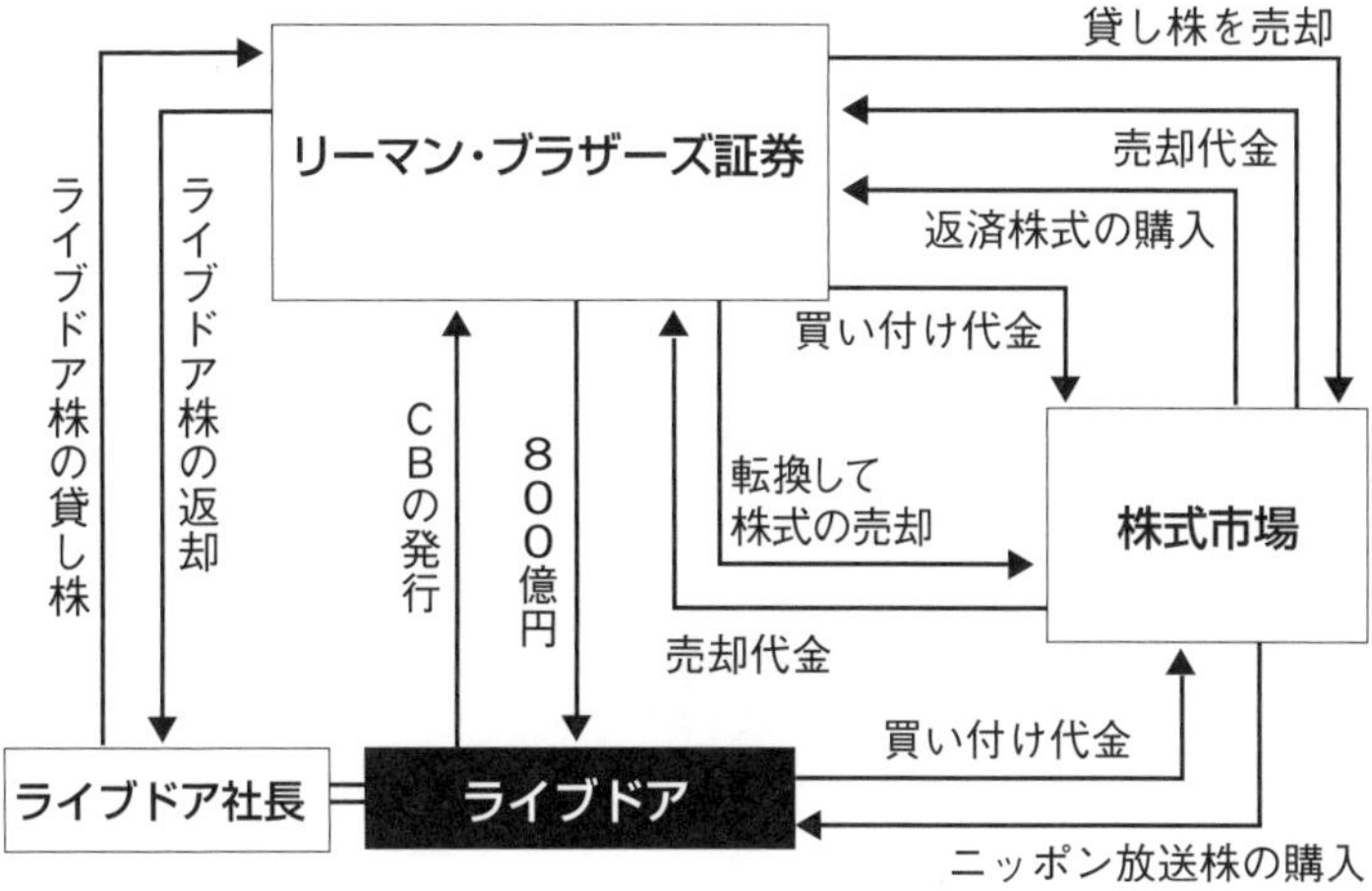

株を返却すれば、かなりの利益を得られる。

リーマンは、CBの引き受けと同時にライブドアから約4674万株を借り入れる契約を締結しており、借り入れた2月10日に約890万株を即刻売却した。

リーマンは、2月24日に借り入れた約4674万株のうち4045万株を返却した。その後、その残り約629万株と3月7日までに4回にわけて借り入れた3260万株をあわせて約3887万株を借り受けた。リーマンは、このうち3月7日までに約2732万株を市場で売却した。

ライブドア株は、この間、株価が約11%下落した。この下がった段階で買い戻してライブドアに返却したとすれば、それだけで1株当たり40円くらいもうけただろう。だとすれば、10億円以上もの売却益が得られたことになる。

損をしないリーマンのしたたかさ

通常は、CBを引き受けたほうは、転換までに価格が下落すると損をする。500円で株式と転換できるCB5億円分を購入し、転換すれば100万株を手に入れられる。もし、転換日までに株価が400円に下がっていれば、5億円で125万株が手に入るはずなのに、100万株しか手に入らない。1億円も損をする。

だから、たいていは、引き受けると同時に、発行者から株式を借りて売る。借りて500円で売って、転換するときに400円で買い戻せば、1株100円もうかるからである。50万株でも借りてすぐ売って、転換するときに買い戻せば、5000万円もうけることができる。

このもうけがあれば、実際に株式が転換したときの損失1億円を5000万円に減らすことができる。これは、売りと買いを同時におこなうので、株価が上がっても、下がっても、損益が相殺されるという先物取引におけるヘッジ取引と同じ考え方である。

ただし、このようなことがおこなわれるのは、発行時と転換時に時間的なずれがあるからである。その大前提は、転換価格が事前にきまっていることである。しかし、ライブドアが発行したCBは、転換価格が変更されるものである。株価が下落したら転換価格が下げられて損をしないのに、株を借りて売ってもうけるというのはおかしい。借りて売ることを空売りというが、それが大量におこなわれるとだいたい株価は下落するからである。

このように、ライブドアが倒産するか、株価が急落して157円を大幅に下回らないかぎり、けっして損をしない契約をリーマン・ブラザーズ証券はライブドアとむすんだのである。ライブドアは、外資のあちこちに声をかけてようやく引き受けてくれてもらったようである。したがって、ライブドアにとっては、すさまじいまでに不利な条件である。ライブドアの社長が「命がけ」といったのは本当のことである。

それが加速されるのが、ライブドアがニッポン放送株買収劇で敗退した場合である。

株価が暴落すれば、リーマンは、転換価格の下限157円でライブドア株に転換せざるをえない。そうすると、ライブドアの発行済み株式数は、79％も増える。株式の供給が過剰になるので、株価がさらに下落する。リーマンが大損するだけでなく、超高株価経営によって有利に株式交換をおこなってグループ企業を拡大し、人を働かせて、そのあがりで生きてきたライブドアもついに力尽きる。

じつは、このリーマン・ブラザーズ証券は、日露戦争のときの日本の戦費調達に応じた外資のひとつである。

誰も日本が勝つと思っていなかったので、日本の国債を買おうなどという投資家は皆無であった。ロシアと戦ってもまず勝てないのは、明らかだったので、絶望的にリスクの高い投資であった。だから、発行条件は、イギリスの永久国債の利回りに3％以上も上乗せした6％の高利であった。格付け不能で、通常は、債券発行できない国債である。これでもリスク・プレミアムは低かったことだろう。

日本海海戦が「皇国の興廃この一戦にあり」といって戦われたが、リーマンにとっても本当にそうだったのである。

7　時間外取引でどうしてＴＯＢは不要か

議決権の三分の一超を取得した株主は、合併や定款の変更などの重要な議案を否決できる。したがって、「証券取引法」では、株式買い付けの後に保有比率が三分の一を超える場合には、取引所での市場取引で取得するか、あるいは、ＴＯＢをかけて市場外で取得するかを選ばなければならない。

ＴＯＢとは

株式公開買い付け（take-over bid―ＴＯＢ）というのは、不特定多数の多くの人びとに対して、株式の買い付けをおこなうことを公表して、証券取引所の市場の外で買い付けをおこなうことである。ＴＯＢとは、もともとイギリスでの言い方で、アメリカではテンダー・オファー（tender offer）とよばれている。

どうして、ＴＯＢをおこなわなければならないのか。

証券取引所での市場取引であれば、時々刻々と売り買いの注文が入り、取引情報を誰でも入手することができる。しかし、市場外の取引で誰も知らないうちに突然、議決権の三分の一超を取得した株主が登場すれば、合併や定款の変更などの重要な議案を否決できる。そうすれば、ほかの株主が防衛しようにも、気に入らないから売りたいといっても、あとの祭りである。

そこで、一般株主にも情報を開示し、株式譲渡の機会をあたえるために、市場外の取引において、議決権ベースで三分の一超の株式の買い付けをおこなう場合には、ＴＯＢを義務づけられている。

フジ・サンケイ・グループが、資本のねじれ現象を解消しようということで実施したのが、２００５年1月18日に開始されたフジテレビによるニッポン放送株のＴＯＢである。その内容は、ニッポン放送株を2月21日までに、５９５０円で50％超を取得するというものであった。

ところが、ライブドアによるニッポン放送株買い占めが発覚したので、２月10日に買い付け株式数を50％超から25％以上に引き下げ、申し込み期限を2月21日から3月2日に延長した。24日には、申し込み期限を3月2日から3月7日まで再延長した。

このフジテレビのＴＯＢ条件の変更は、「証券取引法」違反の可能性がある。

同法によれば、買い付け条件を変更するときは、変更内容などを日刊紙に掲載して、公告しなければならないことになっている。

ただし、応募株主に不利となるような、買い付け価格の引き下げ、買い付け予定株式数の減少、買い付け期間の短縮などの変更はできない。フジテレビは、買い付け価格を引き下げていないし、買い付け期間は延長なのでいいが、買い付け予定株式数を引き下げたのはいささか問題である。

ただ、フジテレビは、買い付け予定株式数の下限を50％超から25％以上に引き下げたものの、上限を引き下げたわけではないから違法ではないという解釈だったようである。買い付けの申し込みが、目標を下回ったときには、買わないこともあるという条項が入っていたが、50％でも60％でも70％でも目標以上の申し込みがあれば、買うことにかわりはないということだったのであろう。でも、厳密にいえば違法である。

時間外でもＴＯＢ不要という怪

株式の三分の一超を買い占めるにしても、市場取引であれば、ＴＯＢをおこなう必要はない。ライブドアは、東証の時間外取引市場のひとつであるトストネット（ToSTNeT－1）を利用してニッポン放送株を買い占めた。トストネットは1998年に東証が設置したもので、立会い時間外におこなわれるだけで、市場内取引である。東証の市場内取引であれば、情報が開示されている市場なので、ＴＯＢを採用する必要はない。

銀行が大量の持合い株式の解消売りなどを時間内取引でおこなえば、株価は大きく変動するので、従来、この市場内の時間外取引市場で大量の株式が売買されていた。

この市場は、株式持合い株が大量に立会い時間内に入ると価格が乱高下するので、それを回避するという目的で創設されたが、それがニッポン放送株買収劇に利用された。

たとえば、前日の夕方に、企業が巨額の自社株を次の日の早朝に買い付けると公表する。ほかの投資家の買いが入らないように朝一番で銀行などが保有している株を売却する。相対取引なのに、市場取引ということで不特定多数から買い付けたことになるので、みなし配当課税が免除される。

このように、本来は、相対取引で市場外取引なのに、銀行や企業の都合で大量の株式を売買しなければならなくなって、無理やり市場取引ということにした。

そうすれば、銀行が保有している株式を大量に売却することができて、不良債権処理ができるとともに、引き取ったほうの企業にもみなし配当課税が免除され、都合がいいからである。

みなし配当というのは、通常の配当のほかに、たとえば持合い解消で自社株を買い取って償却すると流通株式が減少して、株価が上がる分を配当とみなすものである。これに課税するのがみなし配当課税である。

もちろん、大量の株式売買の注文をうけた証券会社が、トストネットというネットワークを通じて取引の相手をさがして、市場に大きな影響をおよぼさずにスムースに取引を成立させるというのが建前である。

しかし、実際には、事前に売買をすりあわせたり、証券会社が自分で売買に応ずる場合が多いという。東証には、トストネットを株の買い占めに利用できないかという問い合わせがあったという。本来であれば、そのようなＴＯＢの趣旨に反するような使われ方をする危険性があるならば、ただちに、監督官庁と打ち合わせて、時間外取引もＴＯＢの対象にしなければならないはずである。東証は、違法ではないが、ＴＯＢで対応すべきで、トストネットをつかえば社会的批判をうける可能性があると説明してきたという。

金融庁もライブドアの匿名の問い合わせに対して、適法であると回答したという。それが本当だとすれば、金融庁が御墨付きをあたえたことになる。監督官庁たるもの株式を買い占めるときは、対象企業の株主に買収者として適切かどうか判断してもらうような方法をとらなければダメだくらいのことをいわなければならない。

これまで株の買い占めでトストネットを利用した人はいなかったので、相談した人は、よっぽど「良識」のある人物だったのであろう。日本型「性善説」証券市場の面目躍如というところであった。

やりかたがへた？

要は、「相対取引」が市場取引であるという矛盾を巧妙につかれたのである。法整備をしなかった金融当局の怠慢である。ライブドアは、やはり社会的批判をうけたが、違法行為ではなかったので、容認する世論も少なくはなかった。

法をおかしたわけでもないし、脱法行為でもないので、屁とも思っていないであろうが、2月8日にライブドアがトストネットで買い占めたニッポン放送株の比率は29・5%であった。

ここでやめておけばよかったのである。三分の一未満なので、問題はなかったからである。あるいは、三分の一未満の33・3%でやめておけばよかった。本来の買い占めであれば、そういう行動様式をとったはずである。

すでに、5%以上買い占めていたので、いずれあきらかになるが、それをやらずに、29・5%のその時点でTOBをおこなって残りの数パーセントを買い取るか、あるいは、立会時間中に買い進めばよかったのである。だが、突然、2月8日に三分の一超のニッポン放送の株式を買い占めたことを公表した。

そうしたのは、フジテレビのTOBに対抗して高値で引き取らせるには、あくまで合法的に、しかも世間をあっといわせる必要があったからであろう。

合法的でなければ、時代を変革する「騎士」にはなれない。違法行為はもちろん、脱法行為でも、たんなる汚らしい乗っ取り屋であるとの罵声をあびせられる。

世間が時代を前に進める尖兵と評価すればするほど、ライブドアの株価が上がり、また、あちこちの会社買収で世間を騒がせると、講演会にも高額の講演料をかかえた若き改革の「騎士」の卵が殺到する。だまっていても、資産が増えるシステムができあがる。

8　経営権——持株比率25％以上でなにができるか

フジテレビは、ライブドアのニッポン放送株買い占めが発覚した2日後の2月10日にTOBの目標を50％超から25％以上に引き下げた。

議決権の消滅

「商法」の規定で議決権保有比率が25％以上になると持合い株式の議決権が消滅する。すなわち、株式の持合い関係にあるA社のB社に対する保有比率が25％を超えた場合、A社に対するB社の議決権が自動的に消滅するという規定である。

ニッポン放送は、フジテレビ株の22・51％を保有している。フジテレビがTOB以前のニッポン放送の持株比率12・4％から25％以上になれば、自動的にニッポン放送のフジテレビに対する議決権が消滅する。

そうすれば、いくらライブドアがニッポン放送を通じてフジテレビを支配するといっても、株主総会での議決権がないので、まったく意味がなくなる。どうしてこういう規定がおかれているかというと、一般株主の権利を保護するためである。

株式持合いというのは、お互いが株式を発行して、交換すればできる。資本構成という側面を別にすれば、経費は「印刷代」だけであろう。株券が廃止されるペーパーレス化になれば、それもいらない。

お互いが株式を交換しあって、それが50％超になって、お互いの経営に口出ししなければ、通常業務は、経営者が自由におこなうことができる。当然、持合いの相手側の会社の経営陣に議決権を委任する。

もし本当にそうしたいのであれば、お互い１００％を持ち合えばいいのである。もちろん、証券取引所に上場などできないが、少なくとも、会社がいいかげんな経営をおこなって一般株主に損害をあたえるということは回避できる。

しかし、会社を発展させるために、どうしても資金調達しなければならないので、上場したいとなれば話はまったく変わってくる。

なぜ消滅が必要か

株主によって業務運営を委任される経営者が会社の経営方針を自分で勝手にきめて、自分で実行して倒産したらどうなるか。会社が倒産すると株主は、出資金の範囲で責任をとらなければならないが、経営者はそのような責任をとる必要はない。したがって、株主総会に株主と経営者が混在すると、利益相反、つまり利害関係が対立する可能性がある。

さらに、経営者が株主を無視した経営をしても株主総会で解任されることはない。

50％超の議決権をもっているので、任期途中の取締役の解任を拒否できる。結局、一般株主・少数株主が甚大な被害をこうむる。したがって、相手の株式の25％以上を保有したら、相手側の自社への議決権が消滅するようになっているのである。

ライブドアがニッポン放送株を50％超買い占めてニッポン放送を子会社にしたら、今度は、フジテレビの株を買い占めて25％以上にするというのも理屈にかなっている。フジテレビのニッポン放送株の議決権が消滅するからである。

フジテレビは、ＴＯＢによって3月7日現在、ニッポン放送の発行済み株式総数の36・47％を取得した。ライブドアはニッポン放送株の50％超を確保できたので（ただし、一部名義書き換えをしていなかった）、6月の株主総会で任期が切れる取締役全員を再任する必要がない。

そのうえで、ニッポン放送がフジテレビ株を市場であと2・5％買い集めると25％になったはずである。そうすると自動的にフジテレビのニッポン放送の株主総会での36・47％の議決権が消滅した。（図表7）

ライブドアの持株比率は50％なので、フジテレビによる議決権が消滅すれば、ライブドアの議決権比率はなんと80％ちかくに跳ね上がったはずである。そうすれば、ライブドアは、ニッポン放送株を1株２８６円で買っているので、つぶしてもうけることはできないが、ニッポン放送を完全支配することができた。ソフトバンク・インベストメントなどにフジテレビ株が貸し出されたので、とりあえずその危険性はなくなったが、事態は深刻だったのである。

図表7　議決権保有比率の商法上の規定

保有比率	規定
25%以上	株式持合い関係にあるA社のB社に対する保有比率が25%を超えた場合に、A社に対するB社の議決権が自動的に消滅する。
3分の1超	定款変更、株式併合、営業譲渡、取締役の選任など三分の二以上の賛成が必要な特別決議の成立を阻止できる拒否権が発生する。
50%超	取締役の選任、役員報酬の支払い、利益処分・損失処理など普通決議を成立させることができる。
3分の2以上	株主総会における決議方法は、特別決議と普通決議のふたつある。定款変更など経営にかかわる重要なことをきめるのが特別決議で、議決権をもつ株主の過半数が総会に出席し（定足数）、その議決権の三分の二以上の賛成が必要である。2003年4月に施行された改正「商法」で定款を変更すれば、定足数は三分の一以上まで下げることができるようになった。 取締役・監査役の選任や利益処分などは、普通決議によってきまる。定足数は特別決議と同じ。ただし、議決権の過半数の賛成ですむので、特別決議より容易にきめることができる。 特別決議を必要とする議案 ・定款の変更 ・営業権の譲渡 ・資本減少 ・新株、新株予約権、新株予約権付き社債の有利発行 ・取締役、監査役の解任 ・会社の解散、継続、合併、分割 ・株式交換 ・株式移転 その他

9　経営権――持株比率50％超でなにができるか

株主総会での決議の方法には、特別決議と普通決議がある。株主総会は、議決権をもつ株主が過半数出席して成立する。これを定足数という。２００３年４月に施行された改正「商法」では、定款を変更すれば、定足数は、過半数から三分の一以上に引き下げることができるようになった。

議決権を行使するには、直接株主総会に出席して行使する場合と議決権保有者に委任状をもらって議決権を代理行使する場合のふたつがある。

株主総会に出席できない零細株主は、通常、株主総会の議長である会社の社長に議決権を委任する。株主総会の通知をうけて、議案をよみ、賛否の意思表明をして議長にそのむねの議決を委任することになっている。ただ、議案と同封されてくるはがきに賛否を表明して返送しなかったり、返送しても賛否を表明していない場合には、会社の社長に賛成のむねを委任したことになる。

したがって、両社ともニッポン放送の株式の50％超がとれなかった場合、２００５年６月に開催されるニッポン放送の株主総会で過半数を確保するために、フジテレビとライブドアが委任争奪戦、これをプロキシーファイト（proxy fight）というが、それが展開されるはずであった。

株主総会で50％超の議決権を行使できれば、普通決議を採択できる。

普通決議で、

・取締役の選任、
・役員報酬の支払い、
・利益処分・損失処理、
などをきめることができる。

だから、通常の会社経営にあまり支障はない。

しかしながら、会社経営にとって重要なことは決議できないので、50％超の議決権を獲得しても、子会社として連結決算の対象にはなるが、完全子会社とはならない。

10 経営権――持株比率三分の二以上・三分の一超でなにができるか

会社にとって重要な決定をおこなうには、特別決議が必要である。特別決議を必要とする議案は、
・定款の変更、
・営業権の譲渡、
・資本減少、
・新株、新株予約権、新株予約権付き社債の有利発行、

・取締役、監査役の解任、
・会社の解散、継続、合併、
・株式交換、
・株式移転、
などである。
この特別決議の採決には、議決権の三分の二以上の賛成が必要である。したがって、三分の一超の議決権株式をもつと特別決議の議決を阻止できる。この場合に拒否権が発生するという。

ここで、2006年からM&Aに賛成しない株主は、特別決議に反対した上で、「公正な価格」で株式を買い取ってもらう株式買取請求権を行使できるようになる。

ライブドアが2月8日にニッポン放送株の三分の一超を買い占めたということは、定款変更、株式併合、営業譲渡などの特別決議の拒否権を獲得したということであった。

たとえフジテレビがTOB（株式公開買い付け）でニッポン放送株の過半数を占めたとしても、経営の重要な意思決定がことごとく否決されてしまう可能性が高くなったという点で深刻な事態であった。だから、ニッポン放送を子会社にしたいフジ・サンケイ・グループにニッポン放送株を高値で引き取らせることができるとライブドアはふんだのであろう。

ところが、フジテレビは、TOBの目標を50％超から25％以上に引き下げてとりあえず、ライブドアの支配力をフジテレビにおよばないような措置をとった。３月７日にＴＯＢが終了し、フジテレビは目標の25％をはるかに上回って、ニッポン放送の発行済み株式の36・47％を獲得した。

このことは、ニッポン放送のフジテレビに対する議決権を消滅させただけでなく、フジテレビがニッポン放送の株主総会で重要事項を否決できる拒否権を確保したということを意味している。

特別決議より成立の条件がきびしい特殊決議の導入も検討課題となっている。取締役の利益相反取引に関する責任の免除や株式の譲渡を制限するための定款の変更などは、特殊決議を必要とするというものである。

11　どうしてニッポン放送は新株予約権発行で対抗したか

ライブドアによるニッポン放送株買い占めに対して、フジテレビは即座に反撃を開始した。第一弾は、２月10日におこなわれたＴＯＢでの取得目標を50％超から25％以上への引き下げであった。もしも、25％を取得できなければ、逆に、ライブドア支配下のニッポン放送によって、フジテレビの株式が買い占められる可能性もあった。

そこで第二弾として、２月23日、ニッポン放送は、フジテレビに４７２０万株という大量の新株予約権を158億円で割り当てると発表した。この新株予約権を行使できる期間は3月25日から6月24日で、3月中に行使すると価格は1株5950円で、4月以降は市場価格であった。

どういう効果があるか

新株予約権は、2003年4月の改正「商法」で導入された制度で、あらかじめきめられた価格で株式を取得できる権利である。

この権利は、自社の取締役や従業員に与えられるストック・オプションのことである。従来の新株引受権付き社債（ワラント債）は、社債と一緒である場合だけ発行が認められていた。法改正によって、この権利だけを発行できるようになるとともに、あたえられる対象者の制限もなくなった。

フジテレビがこの権利をすべて行使すれば、ニッポン放送の発行株式総数は約3280万株からじつに約8000万株へと倍以上になり、その結果、フジテレビの持株比率は、TOB前の12・4％から約66％に跳ね上がり、株主総会で拒否権を排除すらできることになる。一方、ライブドアの議決権比率は、16％に低下し拒否権すらもてなくなってしまう。

ただ、この大量の新株予約権を割り当てて調達する最大3000億円あまりの資金をなんのためにつかうかということが問題であった。

ニッポン放送は、スタジオの整備にあてるとしているが、その費用はわずか158億円にすぎない。主要な理由は、グループにのこって、企業価値と株主価値を高めるためであるとされた。しかしながら、ニッポン放送経営陣の支配権の維持が本来の目的である。

これは、アメリカでは、新株を発行して、友好企業に買ってもらって、敵対的買収者の持株比率を下げるポイズンピル（毒薬条項）といわれるものである。しかし、これは、事前に定款に明記しておくことが前提になっている。

このような方法は、ニッポン放送経営陣がフジ・サンケイ・グループにのこるために取締役会で決議したものである。フジテレビが新株予約権のすべてを行使すれば、その議決権比率は66％にも跳ね上がって、ニッポン放送経営陣は安泰である。

しかも、調達資金をつかって有益なビジネスをおこなうのであれば、利益も増えるだろうが、支配権の維持のために調達した資金であれば、みすみす遊ばせておくだけである。巨額の資金を運用して高収益をかせぐことなどとうてい期待できない。せいぜい超低金利の銀行預金くらいのものだろう。

いずれにしても、ニッポン放送の利益が増える見込みがないにもかかわらず、発行済み株式数だけが2・5倍になるということは、1株当たり利益が三分の一ちかくまで減少するということである。必然的に株価は三分の一になる。株式の希釈化（dilution）とよばれる事態である。ニッポン放送株買収劇を演じた役者たちは自業自得、いまふうにいうと自己責任であろうが、一般株主の被害は、どうしてくれるのだということになる。

いままでの判例

かつて、似たようなケースあって、法廷で争われたことがある。

バルブメーカーの宮入バルブは、１９８８年と89年の二度にわたり業務拡大をはかるガス機器メーカー、高橋産業に株を買い占められた。

宮入バルブは、発行済み株式の大半を買い占められた直後、設備投資資金を調達するという名目で新株を発行した。保有比率の下がる高橋産業は、支配権維持を目的とする増資だとして発行差し止めの仮処分を申請したが、東京地裁は、資金調達の必要性を認めて申請を却下した。

１９８９年に不動産会社の秀和が中堅スーパーの忠実屋といなげやの株式を買い占めたとき、忠実屋といなげやは、第三者割当増資によって対抗しようとした。

発行会社と一般株主以外の第三者というのは、だいたい友好関係にある企業や銀行などであるが、そこに新株を発行して引き受けてもらうのが第三者割当増資である。それによって、秀和の議決権比率が低下して、買い占めに対抗できる。この第三者割当増資に対して、東京地裁は、新株発行差し止めの決定をおこなった。

その理由は、ひとつは、増資の価格が時価にくらべて安く、特定株主だけを優遇した有利発行だからである。証券業界の自主ルールでは、増資の価格は、新株発行をきめた直前から過去最大6カ月の市場価格の終値平均の90％以上でなければならないということになっている。宮入バルブのときは、東京地裁は、この範囲内なので有利発行にはあたらないと判断した。

もうひとつは、経営者の支配権維持をねらった割り当て増資は不公正であるというものである。ところが、２００４年のベルシステム24をめぐるＣＳＫとベル経営陣との支配権の争奪戦では、逆の結果が出た。たとえ、経営権の維持が目的であったとしても、調達した資金でいかに会社の価値を上げるかを十分に説明できれば、増資は認められるというものである。

ニッポン放送は法の不備をついた

この対抗策は、日本の企業買収に関する法整備の不十分さを際立たせるものであった。

ひとつは、フジテレビがＴＯＢをおこない、ライブドアが株式を買い進めているときに、ニッポン放送の株主は、より有利なほうに売却する自由があるにもかかわらず、大量の株式が発行されるポイズンピルが発効すると、高く売るということができなくなってしまうということである。だから、このような場合には、アメリカでは、ポイズンピルをつかうことができない。日本には、どちらの規定もないので、ニッポン放送は新株予約権の発行をきめることができたのである。

もうひとつは、ＴＯＢをおこなうと市場内でも市場外でも既発行の株式を買い入れることはできないにもかかわらず、新株予約権による新株の取得は禁止の例外としてみとめられていることである。ＴＯＢでは、それに応募した株主からしか買えない。だが、新株予約権は株式ではないからいいということである。

だから、ニッポン放送は、ＴＯＢの期間中にもかかわらず、取締役会でフジテレビへの新株予約権の割り当てをきめることができた。TOB期間中にこんなことをきめたら、いずれニッポン放送株が暴落するのはあきらかなので、株主はTOBに応募しなければならないということになる。一種のおどしである。一方で敵対的買収者が市場で買い占めているのに、不公平だということになるだろう。

三つめは、フジ・サンケイ・グループは、ニッポン放送がライブドアの支配下に入れば、一切の取引を停止するというおどしをかけたことである。

おそらく取引を停止されれば、ニッポン放送の収益は激減し、株価は暴落するだろう。だから、企業価値を守るためにフジ・サンケイ・グループにのこるという理屈である。これだと、大株主が気に入らないから会社をつぶすこともできるというのとおなじことになってしまう。これは、あきらかに正当な行動ではない。

12 新株予約権発行差し止め申請はなぜ出されたか

2005年2月24日、ライブドアは、東京地裁に対して、フジテレビを割り当て先とした新株予約権発行の差し止めを求める仮処分申請をおこなった。

企業の新株発行は、資金調達が主要目的でなければならないのに、その目的が現経営陣の支配権維持のためであれば、違法になる可能性が高いからである。ライブドアによる時間外取引は合法であるが、この新株予約権の発行は違法の可能性があり、このふたつは、同次元では論じられない。

しかも、もし大量のニッポン放送の新株が発行されれば、当然、供給過剰になって、株価は暴落する。ニッポン放送による新株予約権のフジテレビへの割り当ては、株主を無視した行為であるという批判があがったのも当然のことであろう。

この新株予約権の発行をめぐっては、さまざまな争点がある。ここで、ライブドアとフジテレビの主張をみてみよう。（図表8）

有利発行かどうか

フジテレビがニッポン放送株を取得できる価格は、3月中は5950円となっているがこれは、フジテレビに有利な価格であって、有利発行にあたるかどうかである。

ニッポン放送は、フジテレビによるTOBは、フジ・サンケイ・グループ強化のために考えられてきたものであるという。TOBの価格は、開始前3カ月間の平均価格よりも2割高く、妥当であって、しかも、第三者に鑑定してもらったもので、有利発行にはあたらないというものである。

ライブドアは、有利発行にあたると主張した。新株予約権発行価格は、フジテレビのTOB開始の前の市場価格の平均が基準となっている。その後の、ニッポン放送株の高騰、フジテレビが支配権を取得することによるプレミアムを考慮していないからである。有利発行にあたるにもかかわらず、株主総会の承認を得ていないという。

資金調達の必要性はなにか

ニッポン放送は、調達資金は、臨海副都心でのスタジオ整備資金にあてることや、新株予約権発行によってフジテレビの子会社となることで企業価値が高まると主張する。

ライブドアは、ニッポン放送には新株予約権による資金調達の必要はないという。

支配権維持が目的か

ニッポン放送は、ライブドアの傘下に入れば、フジ・サンケイ・グループからの離脱を余儀なくされ、企業価値は大きく毀損するので、企業価値を維持し、向上させるには、フジテレビの子会社となることが必要不可欠であるという。

ライブドアは、ライブドアによるニッポン放送株取得を阻止し、フジテレビの支配権を維持することだけが目的であると主張する。ニッポン放送の企業価値は、ネットとの融合で高められるという。

図表8　ライブドアとニッポン放送の主張と、東京地裁決定

論点	ライブドア 主張	ライブドア 地裁決定	ニッポン放送 主張	ニッポン放送 地裁決定
新株予約権の発行目的	フジによるニッポン放送の支配権維持が目的で不公正	認	ライブドア傘下入りによる企業価値の毀損防止で合法	否
ニッポン放送の企業価値	ネットとの融合で高められる	判断なし	フジサンケイ・グループに残ることが価値を守る	判断なし
新株予約権の発行価格	市場価値より低く違法な有利発行	否	発行価格は適正	認
ライブドアの立会外取引	市場取引で売り手との事前合意もなく適法	認	公開買い付け規制の趣旨に反し違法の疑い	否
ライブドア傘下入りでの放送の公共性	ライブドア傘下でも問題はない	認	アダルトサイト運営などふさわしくない	否

株価の下落操作かどうか

ニッポン放送は、既存株主は、ＴＯＢ期間中であれば、同額で売却できるので損をすることはないが、市場動向についてはコメントしないという。

ライブドアは、ニッポン放送の株価に注目が集まっているなかでの新株発行の公表は、株価の下落を意図していると主張する。

ライブドアの立会い外取引は合法か

ライブドアの市場外取引について、ニッポン放送は、ＴＯＢ規制の趣旨に反しており、違法の疑いもあるとするが、ライブドアは、市場取引であって、売り手との事前合意もなく適法であるという。

13 TOB成立とはどういうことか

こうして新株予約権発行差し止めについて東京地裁で争われている最中の2005年3月7日、フジテレビによるニッポン放送株のTOBが期限をむかえた。

フジテレビは、TOBによって、ニッポン放送株の発行済み株式の36・47％を確保し、TOBが成立したと発表した。

TOBには、285の株主から789万6354株（発行済み株式の24・07％）の応募があった。フジテレビが保有していた406万4660株（同12・39％）とあわせるとTOB成立の条件である25％を上回った。

TOBの結果、フジテレビの保有比率が三分の一を超えたことの意味は大きい。25％では、たんにニッポン放送のフジテレビに対する議決権を消滅させるという消極的な持株比率にすぎなかったが、三分の一を超えたことで重要な経営判断に対して拒否権を行使できるようになったからである。

三分の一超確保の意味するもの

もし、フジテレビの保有比率が25％以上であっても、TOBは成立し、一応成功したということとになり、ニッポン放送のフジテレビに対する議決権が消滅した。しかしながら、その一方で、もしライブドアがニッポン放送株の三分の二以上を確保すれば事態は大きく変化したはずである。発行済み株式の三分の二以上を確保し、株主名簿の書き換えが終わったら、ただちにライブドアは、臨時株主総会の開催要求を突き付けて開催させる。そこで、任期途中の取締役全員を解任する特別決議を採択し、ライブドア側の取締役を選任する。そうすれば、ニッポン放送の資産価値はとりあえず保全できる。

フジテレビが拒否権を行使できる三分の一超を獲得したことによって、それはできなくなった。ライブドアは、3月25日の株主名簿の確定までに、ニッポン放送株を買い進め過半数を取得した。2005年6月に開催される定期株主総会にライブドアの息のかかった取締役を送り込む。

そこで、すぐにふたつのいずれかをおこなうはずであった。

ひとつは、ライブドア派経営陣は、違約金を支払って大和SMBCとソフトバンク・インベストメントに貸し出したフジテレビ株の返却を要求する。その上で、ライブドアに対する第三者割当増資をおこなって、フジテレビのニッポン放送株の持株比率を25%未満に引き下げて、完全子会社にする。

その場合には、ニッポン放送が増資によって調達した資金は、ネットを中心としたメディアづくりのためにつかうというだろう。根拠と実現性はともかく、調達資金の使途が会社を発展させる株主のためのものであれば、なんら問題がないからである。

もうひとつは、ニッポン放送がフジテレビ株を22・51%から25%以上まで買い増して、フジテレビのニッポン放送に対する議決権も消滅させる方法である。あとわずか2・5%なのでむずかしいことではなかった。フジテレビの時価総額が約6500億円なので、たかだか160億円程度である。

ニッポン放送の経営陣は、とりあえず任期途中の解任をまぬがれたので、ライブドアによる支配にそなえた対抗措置の第一弾として、保有するフジテレビ株を議決権付きで貸し出した。優良資産の売却や移転などをおこなえば、ライブドアが乗っ取ってもうまみがなくなるからである。いわゆる焦土作戦といわれるものである。

しかしながら、うまくやらないと、会社に損害をあたえたとして株主代表訴訟がおこされるし、取締役は会社の発展のために行動しなければならないという忠実義務に違反したり、へたをすると会社に意図的に損害をあたえたとして背任でつかまることもあったはずである。

買収への無防備のつけ

いかにいままで、日本企業が会社の乗っ取りとか株の買い占めとかに鈍感であったかをしめす例が、2005年6月でのニッポン放送取締役全員の任期切れである。

通常は、敵対的買収や乗っ取りを想定して、取締役の改選期をずらしたり、取締役の任期をなるべく長くする。ところが、ニッポン放送の取締役は、そろいもそろって6月に任期満了になる。

ニッポン放送の現取締役は全員再任されることはないし、フジテレビ派の取締役が入ることもなかったことであろう。

株式の三分の二以上の取得はむずかしいが、過半数の買い占めはそれほどむずかしいことではない。だから、三分の一超だけは死守して、特別決議さえ阻止すれば、取締役会での支配権はなんとか確保できる。取締役の任期を3年と長期にして、三分の一ずつの改選にしておけば、最初の一年目は、敵対的買収者側の取締役が過半数をとることはない。二年目でようやく過半数をとることができる。時間的余裕があれば、敵対的買収の対抗措置をとることが可能である。

日本では、世界の趨勢とは逆に、取締役任期を短縮してきた。

それは、社長に意見をいったり、反抗する気に入らない取締役を放逐するためである。いくら社長がきらったからといっても、臨時株主総会を開催して、三分の二以上の賛成を得て取締役を解任するということはさすがにむずかしい。取締役任期3年では長すぎるが、1年くらいであれば社長も我慢できるのだろう。自分の都合で経営をおこなってきた日本的経営のつけである。

日本企業も大買収時代にそなえて、さまざまな対抗措置をとらなければならないが、とりあえず、定時株主総会での取締役の三分の一交替とか、任期の3年程度への延長とかをおこなう必要がある。

TOBに応じた会社と応じない会社

フジテレビのTOBが成立する見通しがついたのは、2月28日に大和証券SMBCがフジテレビのＴＯＢに応じることを決定したときである。大和証券ＳＭＢＣは、フジ・サンケイ・グループの創業者からニッポン放送の発行済み株式数の８・０％の譲渡をうけた。

それに対して、創業家は、フジテレビがそれまでの市場価格よりも高い買い取り価格を設定するＴＯＢの予定を知りながら、その事実をつたえずに大和証券ＳＭＢＣが譲渡をうけたとして、東京地裁に返還請求の仮処分を申請した。東京地裁は、ＴＯＢ期限内に仮処分の申請を却下したので、フジテレビは、大和証券ＳＭＢＣから株式の取得が可能となった。

こうしたなかで、ＴＯＢ期限内には、ＴＯＢ価格５９５０円をはるかに上回っていたが、損をしてもフジテレビのＴＯＢに応ずる日本企業が出てきた。（図表9）

2月17日に東京電力が発行済み株式の０・49％、23日に講談社が０・５％強についてＴＯＢに応じ、28日には、大和証券ＳＭＢＣが創業家から譲渡をうけた８・０％についてＴＯＢに応じることを決定した。関西電力も応じることをあきらかにした。長年の取引関係や目先の利益よりも将来の関係を考慮してきめたという。まさに、日本的行動様式なのであろう。

もちろん、市場で売却する企業もあったし、ＴＯＢに応じない企業もあった。

ニッポン放送株の買い占め合戦がおこなわれれば、上場廃止の可能性が高くなる。そうすれば、ニッポン放送株は暴落する。だから、ＴＯＢ価格よりも高いうちに市場で売っておこうということであった。

ＴＯＢをおこなっているのでフジテレビは、市場でニッポン放送株は買えない。だから、市場

図表9　主要株主のTOBへの態度

対応	株主	株数	保有率（%）
応募	大和証券SMBC	2625000	8.00
	サンケイビル	776960	2.37
	講談社	183980	0.56
	東京電力	159980	0.49
	三共	159980	0.49
	電通	159980	0.49
	東京急行電鉄	159980	0.49
	関西電力	120000	0.37
	小田急電鉄	79980	0.24
	東芝	79980	0.24
	三菱電機	72000	0.22
	三越	48000	0.15
継続保有	東京ガス	144000	0.44
	退職給付信託（トヨタ自動車口）	96000	0.29
	京王電鉄	39000	0.12
市場売却	日立製作所	32000	0.10
半数応募・半数売却	宝ホールディングス	79980	0.24

＊保有比率は発行済み株式数ベース。

で売るということは、ライブドアに買われることである。少なからぬ機関投資家や企業ももうかるのだからと売った。

売らなかった企業は、市場価格よりも安く売ることの合理的根拠が自社の株主に説明できないからというのが理由である。かといって、市場で売却すると、みすみすライブドアに買われてしまう。それはまずいというわけである。

14 どうして上場廃止になるのか

こうしたニッポン放送株争奪戦の結果、ニッポン放送は、フジテレビの完全子会社になるので、東証二部上場が廃止される。

東証の基準によれば、大株主上位10人に役員・自社保有分をくわえた合計持株比率（少数特定者持株比率という）が80%を超えると、1年間の猶予期間のうちにその状態が改善しない場合、上場廃止になる。2005年12月期以降の決算では、この廃止基準は75%に引き下がる。

具体的には、2005年3月末に廃止基準を上回っていれば、上場猶予期間に入る。2006年3月末までに改善されなければ、東証の整理ポストにうつり、7月ころに上場廃止になる。整理ポストというのは、すぐに上場廃止にすると投資家が売買の機会をうしなって不利になるので、3カ月間取引をおこなうことができるようにということで設置されたものである。

もし、２００５年3月末時点で少数特定者持株比率が90％を超えると、監理ポストにうつされる。監理ポストというのは、上場廃止基準に抵触するおそれのある銘柄を投資家に周知するために設置されたものである。公募増資や改善計画が出されなければ、整理ポストにうつされ、7月にも上場廃止になる。

どうして廃止か

証券市場は、公平で透明なものでなければならない。市場取引なので、十分に情報が開示された上で、投資家がみずからの相場観で投資するのが大原則である。証券取引所に上場すると、取引所に売買情報が集中するので、約定が容易になる。業務を拡大して発展していくための資金を容易に調達できる。

ところが、少数の株主が大量の株式を保有していることは、市場で流通する株式が少ないことを意味している。いくら発行済み株式数が多くても、少数の株主が売買せずにもったままであれば、市場には出回らないからである。少しの株式しか売買できなければ、ちょっとした注文でも株価が乱高下することになって一般株主が被害をうける。

売買高が少ないので、投機筋が株を借りて売り浴びせるカラ売りがやりやすくなる。投機筋は、株価が暴落した段階で買い戻して借りた株をかえせばしこたまもうけることができる。一般株主は、株の暴落で大損する。

議決権の80％をもつ少数の株主が結託すれば、株主総会でなんでもきめることができる。自分たちの利益だけになるようなことをきめたら、一般株主の利益に反することはやまほどあるし、損害をうける場合も少なくない。

そのような可能性がある企業に、上場をみとめるわけにはいかない。巨額の資金を調達できるというメリットを享受しながら、一部の株主が自分たちの都合のいい経営をおこなって、一般株主に被害をおよぼすことは、公平性と公正さをむねとする市場取引にそぐわないからである。

一般株主は無視されたのか

ニッポン放送買収劇で一般株主は、無視されつづけたといわれている。もちろん、フジテレビとライブドアが、フジ・サンケイ・グループの支配権をめぐって熾烈な戦いを繰り広げたことは別にたいした問題ではない。フジテレビは、ＴＯＢ価格５９５０円で買いたいというし、ライブドアは、市場で買うから高くても売ってくれということだったからである。

というのは、建前で、ライブドアは、性懲りもなく東証の時間外取引であるトストネットを通じて買っていたようである。ライブドアは、大口投資家にニッポン放送株を売ってくれるように文書で要請した。2月8日の買い占めをふくめて、これは、すべて相対取引だといってもいいであろう。

上場取引がおこなわれているのであるから、一般株主は、東証二部市場で売却することができた。ところが、フジテレビに完全な支配権を確保させるためにニッポン放送がフジテレビに新株予約権の発行をきめたことは、あきらかに一般株主を無視した支配権強奪のたくらみということになる。

支配権保持のためだけに、株式が大量に発行されると株式の希薄化といって株価が暴落するからである。利益がさほど増えないのに、株式数だけ激増するからである。これは、大株主の都合で一般株主に被害をあたえる典型的なケースである。

フジテレビは、「そうなるのがわかっているのだから、TOB期間内に株を売りなさい。そうすれば、5950円で売れますよ」ということだった。だから、フジテレビは、裁判所から差し止めの仮処分が出るのを覚悟で大量の新株予約権の発行をニッポン放送の取締役会に決議させたのだと思う。

この作戦がずばり成功し、フジテレビは三分の一以上も確保できたのである。もちろん、一般株主は市場で売っただろう。TOB価格よりも高かったからである。だから、その後ももちつづけるのは、自由であるが、ここで売っておけば被害をうけるということはなかった。それ以上もちつづけた一般株主が損をしても自己責任が問われるだけである。上場廃止は、あきらかに予想できることだったからである。

企業や機関投資家は、どうせ暴落するのだから売るけれども、このさい多少、損をしても、フジテレビに恩を売っておこうということだったのではなかろうか。

上場廃止になれば、市場では取引ができなくなる。売る場合は、買い手を自分でさがさなければならない。やっと買ってくれる人をみつけても、言い値で売らざるをえない。なんでも買ってくれといえば、足元をみられて買い叩かれるのが世の常だからである。だから、ニッポン放送の株価は、かなり下落することは間違いなかった。

本来、企業の支配権をめぐる株式の争奪戦は、より企業の価値を上げて、株主のためになるという大義名分のもとにおこなわれる。したがって、原則的には、一般株主に損害をあたえることはない。ニッポン放送による新株予約権の発行が企業価値を高めるかどうかが大きな争点となったのはそのためである。

このようにみてくるとニッポン放送買収劇で、一般株主がないがしろにされたとはいえないだろう。

ニッポン放送の社員は被害をうけるか

アメリカの株主資本主義であれば、会社は、株主のものだから、このニッポン放送買収劇は、フジテレビとライブドア以外の一般株主がどうなるかが大事なことで、ニッポン放送の社員がどうなるかなどは、まったく問題にもされない。

ニッポン放送は、3月3日、社員一同の署名で「フジ・サンケイ・グループにのこるという現経営陣の意思に賛同し、ライブドアの経営参画に反対する」という声明を出した。ニッポン放送には労働組合がないが、前日、初めての緊急社員総会が開催され、役員をのぞく全社員238人中217人が参加し、全員一致で声明が採択された。従業員の圧倒的多数が反対する買収など、典型的な不幸せな企業買収である。

ライブドアの社長が調子にのって、ニッポン放送のラジオ事業には魅力がないとか、社員の給料を減らすとかいったからであろう。

たしかに、ニッポン放送社員の平均年収は、50代半ばの大学教授より2割高のようである。この給与水準を公務員なみ、あるいは、ライブドア流に能力別賃金にすれば、相当のコスト削減になるだろう。気持ちはわからないでもないが、買収が成功するかどうかわからないうちにあまりそんなことは、いわないほうがいいだろう。

日本資本主義は、会社は、株主のものではあるけれども、経営陣、社員、利害関係者すべてのものであるという考え方で成り立っていると思う。アメリカでは、経営陣はおろか従業員も、株主のたんなる使用人にすぎない。だから、利益に貢献できない社員はたいてい解雇される。

日本では、従業員は、株主のためにも働いているが、会社を繁栄させる重要な構成員である。その会社の構成員である社員が全員一致で反対している買収は失敗する。アメリカでも、だいぶ前から敵対的買収はあまりうまくいっていないが、買収先の従業員が全員反対するというケースは、私だけかもしれないが、聞いたことがない。

ニッポン放送の経営陣がライブドアの支配に対抗するために、法でゆるされた範囲で会社価値を下げるようなことをおこなえば、従業員が被害をうけるであろう。それでもたえたのだろうか。

ニッポン放送社員は、防衛のために労働組合を組織するといった。もし、理不尽なことを押し付けてきたらストライキをするということだろう。やはり歓迎されない株主や経営者のいうことを従業員がきかなければ、ニッポン放送の経営は、行き詰まったはずである。

だから、TOBが成立したあたりから、ライブドア社長は、「お互いニッポン放送の大株主なのだから、フジテレビさん、メディアとインターネットを融合したあたらしいサービス提供のために仲よくやりましょう」ということになったのだろう。幸せな企業買収を演出しようとしたが、遅きに失した。

15 新株予約権がなぜ差し止められたか

2005年3月11日、東京地裁は、フジテレビに対するニッポン放送の新株予約権の発行差し止めの仮処分をおこなった。ニッポン放送による新株予約権の発行は、いちじるしく不公正な方法による発行だからである。

ライブドアの主張が大筋で認められたということであるが、東京地裁の仮処分の根拠についてみてみよう。

有利発行にあたるか

発行価格は、オプション評価理論にもとづいて算出された新株予約権の発行時点での価額（公正な発行価格）とニッポン放送の取締役会で決定された発行価額とを比較して判断される。ニッポン放送による新株予約権の発行価額の算出方法について、あきらかに不合理な点は認められないので、新株予約権の発行がとくに有利な条件での発行ではないとして、この点は、ニッポン放送の主張を認めている。

いちじるしく不公正な方法による発行か

不公正発行というのは、不当な目的を達成する手段として新株予約権の発行が利用される場合である。

株式会社の支配権をめぐる争いにおいて、従来の持株比率に重大な影響をおよぼすような大量の新株予約権が発行されて、それが支配権を争う一方の側の株主に第三者割り当てがなされると、支配権を争う他方の株主の持株比率が低下する。

これが現経営陣の支配権を維持することを主要な目的でおこなわれた場合には、株主全体の利益の保護という観点から、それを正当化するような特別な事情がないかぎり不当な目的を達成する手段とみなされる。

ニッポン放送による新株予約権の発行は、現在の取締役の地位の保全を主たる目的とするものとはいえないが、現経営陣と同様に、フジ・サンケイ・グループに属する経営陣による支配権の維持を主たる目的とするものである。

要するに、グループ全体の支配権維持のための新株予約権の発行と認定されたのである。

ニッポン放送への反論

新株予約権の発行について、ニッポン放送は、企業価値の毀損（きそん）を防ぎ、企業価値を維持し、向上させるとともに、放送の公共性を確保するためにおこなったもので、正当であると主張した。それに対して、つぎのように反論している。

特定の株主の支配権取得によって、企業価値がいちじるしく毀損されることがあきらかである場合には、これを防止することを目的とした適当な手段、たとえば新株予約権の発行などがゆるされる場合がある。

このケースは、反社会的勢力が株主になるなど特殊な事例を東京地裁が想定したものであろう。したがって、東京地裁は、ライブドアの支配権取得により、ニッポン放送の企業価値がいちじるしく毀損されるとはみとめられないとしている。

東京地裁決定の意味するもの

ニッポン放送による大量の新株予約権発行差し止めの決定は、おそらく日本のM&Aの歴史にのこるものとなるであろう。こんなことをみとめたら、気に入らない買収者を簡単に排除できるようになるからである。そうすれば、M&Aが活発化することで、企業は、不要な部門を売却し、ほしい部門を買収して経営を効率化・合理化していくことができなくなる。

会社を安く乗っ取って、高く売り抜けるとか、会社を「金融商品」として売買してもうけるというマネーゲームとしてのM&A・不幸せな企業買収は排除しなければならないが、経済を発展させる役割を果たすようなM&A・幸せな企業買収もできなくなってしまう。経営者も自分に都合のいい株主にかこまれていれば、コーポレート・ガバナンス（企業統治）が機能しなくなる。株主が経営を監視する機能を果たさないからである。

これでは、ぬるま湯につかったルーズな経営がおこなわれて、日本経済が停滞していくことになる。東京地裁が会社に利益をあたえ、発展させるための資金調達ではなく、支配権維持のための資金調達をみとめないと判断したことは、妥当な決定である。

ただ、ライブドアのニッポン放送株買い占めの手続きに対する判断には、いささか疑問がある。ニッポン放送は、ライブドアが「証券取引法」に違反してニッポン放送の株式を取得しているので、その防衛策として新株予約権発行をきめたと主張したのに対して、東京地裁は、「証券取引法」に違反しているとはみとめられないという。それは、法の番人としての裁判所としては正しいことなのだろう。

しかしながら、東京地裁は、「証券取引法」においてTOBの規定が細かくさだめられているという「法の精神」にもとづけば、TOBをやらないのであれば、東証の立会い時間内に市場をとおして三分の一超の株式を買い占めることがのぞましかったくらいの判断ができなかったのであろうか。当事者はちがうというが事前に買い取りをきめておいて、時間外取引という市場取引を合法的におこなうことをきつくいましめる必要があった。

そうしないと、これから法の不備、法の抜け穴、ループホールを利用して、もうけようとする輩が続出するであろう。東京地裁がこの一件についておかまいなしとしたことで、これから、アメリカのような「脱法行為」が続出するかもしれない。

この地裁決定を不服として、ニッポン放送は、即刻、異議申し立てをおこなった。当然、みとめられるはずもなかったが、16日に出された地裁の決定は、ライブドアによる行為に不安をおぼえ、企業防衛のためにフジテレビとの関係強化を考えたこと自体は理解できなくはないとして、ある程度、ニッポン放送に同情している。

東京高裁の決定も発行却下

ニッポン放送によるフジテレビへの新株予約権発行が東京地裁によって差し止められると、ニッポン放送は、ただちに東京高裁に異議申し立てをおこなった。

新株予約権の発行予定日を翌日にひかえた3月23日、東京高裁は、東京地裁による発行差し止めの決定を支持した。高裁は、経営権維持のために新株予約権の発行がみとめられる四つのケースを具体的にあげている。

第一に、真に会社経営に参加する意思がないにもかかわらず、ただ株価を吊り上げて、高値で株式を会社関係者に引き取らせる目的で株式の買収をおこなっている場合、いわゆるグリーン・メーラーである場合。

第二に、会社経営を一時的に支配して当該会社の事業経営上で必要な知的財産権、ノウハウ、企業秘密情報、主要取引先や顧客などを当該買収者やそのグループ会社などに委譲させるなど、いわゆる焦土化経営をおこなう目的で株式の買収をおこなっている場合。

第三に、会社経営を支配したのちに、当該会社の資産を当該買収者やそのグループ会社などの債務の担保や弁済原資として流用する目的で株式の買収をおこなっている場合。

第四に、会社経営を一時的に支配して、当該会社の事業に当面関係していない不動産、有価証券など高額資産などの処分をおこなわせ、その処分利益をもって一時的な高配当をさせるか、あるいは一時的高配当による株価の急上昇の機会をねらって、株式の高値売り抜けを目的として株式買収をおこなっている場合。

このように当該会社を食い物にしようとしている場合など、乱用目的をもって株式を取得した当該敵対的買収者は、株主として保護するにはあたいしないし、当該敵対的買収者を放置すれば、多くの株主の利益がそこなわれるのはあきらかなので、取締役会は、特段の事情があることを明確に立証すれば、経営権の維持・確保を主要な目的とする新株予約権の発行も正当なものとしてゆるされるという。

ニッポン放送の新株予約権の発行は、このような事例に相当しないので、みとめられなかった。一方で、ニッポン放送が発行の根拠とした、ライブドアの傘下に入ればニッポン放送の企業価値が低下するということについては、裁判所の判断に適さないとしてしりぞけた。

企業価値が下がるからフジ・サンケイ・グループにとどまるために新株予約権を発行しようというのに、その判断を回避して却下するのはどう考えてもおかしい。しからば、ライブドアが上記の四つの条件に該当しないということを確信して高裁は判断したのか。ライブドアは、結局、ニッポン放送株を高値で売り抜けるグリーンメーラーであった。高裁は、どう責任をとるのだろうか。

現状の裁判所ではしかたがないが、企業価値・株主価値などの低下が争点になる裁判では、真正面からそれを取り上げなければならない。これからは、まさに、企業価値・株主価値を問う裁判がやまほど出てくるからである。訴訟時代には、アメリカのように裁判官には高度の経済知識が要求される。

この高裁決定は、ライブドアにとって全面勝利であるはずなのに、ライブドア社長の会見は、なにかの影におびえているようにみえた。その影は、翌日、ソフトバンク・グループであることが判明した。グループ傘下のソフトバンク・インベストメントの北尾吉孝最高経営責任者（CEO）が、フジテレビ「救済」に名乗りをあげたからである。彼は否定してもホワイトナイトの役割を果たそうとした。

結局、4月18日、ライブドアが保有ニッポン放送株のすべてをフジテレビに売却することで和解した。ライブドアは、約1031億円で取得したニッポン放送株を実質的に約1473億円でフジテレビに買い取らせる。フジテレビのライブドアへの資本参加や業務提携の検討でも合意されたが、それはあくまで建前で、ライブドアによるニッポン放送株買い占めは、絵に描いたようなマネーゲームであった。

以上、ニッポン放送株買収劇をみてきたが、つぎに資本主義と株式会社制度の特徴をみた上で、アメリカでは、どのような証券市場がつくられ、M&Aがどのようにおこなわれてきたか、敵対的買収にどのような対抗策がこうじられたかなどをみてみよう。

II

株式会社制度の特徴とM&Aはどういうものか

16　資本主義はどういうものか

20世紀初頭、ドイツのマックス・ウェーバーは、近代資本主義というのが、徹底的に利益を追求し、さかんな商業・金融活動をおこなってきた前近代の資本主義を継承するものではなく、営利欲とはまったく逆のピューリタニズムの禁欲的倫理から生み出されてきたということを提起して人びとをおどろかせた。ウェーバーは、営利活動をおこなうシステムをすべて資本主義とよんでいる。

衝動的な物欲への禁欲と富の追求・営利の開放がむすびつくと、禁欲的節約による資本形成という方向に進む。もうけを消費にまわすのではなく禁欲するということは、ふたたび資本として生産的に使用するということになるからである。これは、獲得した利益を資本蓄積にまわす、すなわち拡大再生産により発展していくという資本主義のメカニズムそのものである。

資本主義がこのようにきびしい禁欲の精神をもって成立したので、実業家には、「ノブレス・オブリージェ（noblesse oblige―高い身分にともなう道徳上の義務）」という考え方が根底にあった。すなわち、浪費をしてはいけないので、実業家の利益は、資本として生産的に使用するもの以外は、社会に還元した。だから、ヨーロッパでは、国家だけでなく個人によっても社会的弱者の救済がおこなわれているし、アメリカでも以前は、成功した実業家などによって財団が設立され、積極的に社会奉仕がおこなわれてきた。

きびしい禁欲、労働が絶対的な自己目的であるという精神をもって成立したはずの資本主義が、どうしてあくなき利潤追求と金もうけにはしるアメリカ型市場原理主義のようなものに変容していくのであろうか。

ウェーバーは、戒律がきわめて厳格であったはずのピューリタニズムの生活理想が、ピューリタン自身もよく知っていたように、あまりにも強大な富の「誘惑」にまどわされないという試練にまったく無力であったという。

こうして、資本主義が成立していくと、熾烈な競争に勝つために、もうけなければならなくなった。少しでも多くもうけて、それを蓄積していかなければ、経営をつづけていくことができないからである。こうなると、信仰心もうすれていく。

ウェーバーは、その典型的な国としてアメリカをあげている。すなわち、営利追求にとって最も自由な地域であるアメリカでは、営利活動は、宗教的・倫理的な意味を取り去られていて、いまでは、純粋な競争の感情にむすびつく傾向があり、その結果、スポーツの性格をおびることさえまれではないという。

とすれば、20世紀末から21世紀にかけて、あくなき利潤追求をおこなうアメリカの市場原理主義・株主資本主義は、資本主義として「純化」したのではなく、前近代的な資本主義に回帰したのだということになるのだろうか。

17　そもそも株とは

世界最初の株式会社は、1602年にオランダで設立された東インド会社であるといわれている。それは、当時の航海技術からくる貿易成功のリスクの高さと、成功した場合の収益の巨大さから、航海に必要な巨額の資金とリスクの負担は、個人ではとうてい引き受けられるものではなかったからである。

そのため、最初は、何人かが出資して船団を仕立て、航海が終了すると利益を分け合う仕組みがとられた。それに対して、航海ごとには清算しないで、継続的な事業会社として設立されたのが東インド会社であった。

近代的な株式会社が登場するのは、19世紀に入ってからのことである。それは、産業革命が終了し、資本主義経済が発展していくと、企業の設備投資額が巨大化していったからである。たとえば、鉄道建設などでは、個人的な資金力ではとうてい必要な資本を確保できなくなってしまった。

そこで、株式会社制度が急速に普及した。株式は、社会的に広く集められた資金が自己資本として長期に固定されたものである。すなわち、株式は、株式会社に固定され、返済の必要はない。

株式を購入した投資家は、そのかぎりでは、株式を金融資産として保有するのではなく、株式会社への出資者となり、会社の経営に参加する権利をもっている。だから、株式購入資金に対する報酬は、利子ではなく利益の配分である配当という形で支払われる。

だが、出資者となった株主が事情によって出資資金の回収が必要となった場合、それがまったく不可能であれば、株式に投資する投資家の範囲はせばまることになる。広く浅く、大量の資金を集めるという株式会社制度のメリットをいかすことができない。さらに、株式を金融資産として保有したいという投資家もいるであろう。

したがって、資金が長期に株式会社に固定される株式を流動化・売買するための市場である流通市場が、発行株式会社とは完全に別に、整備されることになった。こうして、証券市場が大規模に発展してきたのである。

株式の特徴は

株式会社における株式の特徴は、全出資者の有限責任制と株式の譲渡性である。

有限責任制とは、出資した会社が倒産した場合、出資金の範囲で責任をとるということである。株主の権利をしめす株券が紙くずになるだけである。そんな殺生なと思うかもしれないが、株式会社でない場合、無限責任制が原則なので、100億円の負債をかかえて倒産した会社の出資者が10人であれば、出資金のほかに10億円を弁済しなければならない。

株式の譲渡性とは、株券を他人に譲渡できる、すなわち売却できるということである。お金を預けたことをしめす預金証書は、通常、他人に売ることはできないが、価格はともかく、いつでも他人に売却できるのが株式の大きな特徴である。

有限責任制と譲渡性によって、広く資金を集めることができるが、ここで、株式の権利についてみてみよう。

株式は、「社員」権を表章するものであるので、とくに「社員」権証券ともよばれる。「社員」権というのは、社団法人の「社員」、すなわち出資者（株主）が「社員」として法人に対してもっている包括的権利である。「社員」は、出資の範囲内での責任をもち（有限責任）、「社員」（株主）の持ち分（株式）が証券化され、譲渡自由であり、企業機能は、会社機関（株主総会、取締役会、監査役会）がもっている。

株式会社の場合、「社員」権というのは株主権であり、共益権と自益権に分けることができる。共益権は、会社の経営に参加することを内容とするもので、株主総会における議決権、少数株主権、各種の監督権などからなっている。

少数株主権というのは、株主の専横を防止し会社の公正な利益を擁護するために少数株主にあたえられた権利で、株主提案権、株主総会召集請求権、取締役解任請求権、帳簿閲覧権などさまざまみとめられている。

自益権は、株主が会社からうける経済的利益であり、利益配当請求権や残余財産分配請求権などからなっている。

利益配当請求権は、配当をうける権利であり、残余財産分配請求権は、会社を清算したり、倒産した場合、資産を売却し、負債を返済し、賃金や退職金、役員報酬などを支払ったあとにのこった現金や資産などを保有株式数に応じて受け取ることができる権利である。

他方、株式を機能面からみると、支配証券、物的証券、利潤証券に分類することができる。支配証券は、株式を所有することで、その発行会社の経営に参加する機能であり、対応関係にある株主の権利は経営参加権である。たとえば、株主総会に出席して議決権を行使するなどである。

物的証券というのは、会社の解散時にその財産分与にあずかる権利をしめしたものであり、対応する株主権は残余財産分配請求権である。

利潤証券は、株式の一般的な株式のとらえ方であり、対応する株主の権利は配当請求権である。これには、株価上昇によるキャピタルゲイン、株主優待や株式分割をうける権利も含まれる。

どういう種類の株があるか

株主の権利は、原則として平等であるが、発行会社が定款できめれば、権利内容のちがった種類の株式を発行することができる。議決権や配当権の差によって、普通株、優先株、劣後株、種類株がある。

普通株は、特別の権利内容をもたない株式で、会社が一種類の株式しか発行していなければ普通株であり、区別されることはない。

優先株は、配当金の支払いや残余財産の分配などで普通株よりも優先的なあつかいが保証された株式である。その一方で議決権がない場合が多い。企業業績が悪化して、優先的な配当ができない場合や残余財産の優先的配分ができない場合の方法で、いくつかの種類に分けられる。

劣後株は、後配株ともいわれ、優先株とは逆に、配当金や残余財産の配分について、普通株よりも優先順位がおとる株式である。

種類株式は新株予約権とともに、2002年4月の改正「商法」で導入されたもので、定款にさだめることによって発行できる。

償還株式は、一時的な資金調達のために発行され、その後、利益によって償還が予定されている株式である。

転換株式は、ある種類から他の種類の株式に転換する権利があたえられた株式である。転換株式では、優先株式として発行されるが一定期間ののち、一定の条件で普通株式に転換されるものもある。

議決権制限株式は、株主総会のすべての決議事項について議決権がない無議決権株式と一定の決議事項についてのみ議決権がみとめられる株式があるが、取締役の選任・解任決議について議決権がないとすることもできる株式である。

種類株主総会で取締役または監査役を選任できる株式は、取締役または監査役の選任が種類株主総会ごとにおこなわれ、全体としての株主総会ではおこなわれない株式である。

数種の株式を発行する会社は、定款にさだめたら、株主総会または取締役会の決議事項とされているものの全部または一部について、その決議のほかに、ある種類の株主総会の決議が必要であるとさだめることができる。

強制転換条項付き株式は、数種の株式を発行している会社が、定款にさだめられた事態が生じた場合、ある株式の全部または一部を強制的に他の種類の株式に転換できる株式である。

株主総会の決議について拒否権をもつ株式が黄金株である。黄金株は、二〇〇六年の「会社法」でみとめられることになっている。

株価はどうきまるか

一般に金利が下がると株価が上昇するといわれる。それは、原理的にはつぎのようなものである。ある株式会社の経営が順調で、毎年1株当たり5円の配当をしていたとする。これがほぼ毎年確実であるとすると、この5円というのは定期的な利益という現象をとる。配当が5円、利子が5円とすると、その5円だけをみてもそれがどちらからきたかはわからない。定期的に得られる金銭は、ある元本からの利益という形態をとる。

そのときの支配的な金利が2%であるとすれば、5円の収益を得るための預金元本は250円となる。したがって、この株式会社は絶対につぶれないし、毎年確実に5円の配当ができるという極端な前提をおけば、この株式は250円で売れる。

もちろん、それは非現実的なのでリスク分を控除して（リスク・プレミアムといわれるがこれを20円とすれば）230円程度では売れる。

ところが、金利が引き下げられて1％になると500円からリスク・プレミアムを引いた金額になる。したがって、金利が下がると株価が上がる。もちろん、そんなに単純ではないが、金利が下がると相対的に有利な株式市場に資金が流入し、株価が上がる。その上限が500円である。

株価は、さまざまな要因によって変動するし、平成不況期の日本の株式市場では、超低金利でもなかなか株価が本格的に反騰しなかったが、金利と株価の関係は原理的には、このようなものである。

企業価値とは

ニッポン放送がフジ・サンケイ・グループにとどまる理由としてあげたのが、ライブドアに買収されて、グループから離脱すれば、企業価値に甚大な悪影響があるというものであった。

企業価値を理解するには、現在価値というものを理解しなければならない。将来生ずる利益などを、金利を割引率として割り引いて現在の価値にしたものが、その利益の現在価値という。たとえば、来年、110万円入るとして金利が年10％であれば、現在価値は100万円である。

株式のうけとる利益のように不確実性やリスクのあるものは、金利にそのリスクを反映したリスク・プレミアムをくわえたものを割引率として現在価値を求める。その現在価値の合計を株式の市場価値という。1株当たりの将来の利益の現在価値の合計が株価である。

企業価値は、財務予測にもとづいて将来のフリーキャッシュフローを予測して、それを資本コストで現在価値に割引計算し、遊休資産などの事業外資産の処分価値をみつもってくわえ、そこから有利子負債を差し引いて算出する。

フリーキャッシュフローというのは、企業の本来の事業活動によって生み出されたキャッシュフロー（利益や減価償却費など）で、企業が負債や資本の提供者に対して自由（フリー）に分配できるキャッシュである。

株式の発行額が一定額であれば、企業価値の最大化が株主の効用を最大化するので、企業の目的は、企業価値を最大化することだということになる。M＆Aの世界では、通常、企業価値と株主価値は同じ意味でつかわれる。企業の所有者は、法的には株主だからである。

ニッポン放送の場合、2005年2月当時、保有するフジテレビ株の時価は、ニッポン放送の時価総額の6割、子会社であるポニーキャニオンが売り上げの54％をかせいでいる。このふたつを失えば、ニッポン放送の企業価値は極端に低下するという理屈をつけた。

企業価値を守るためにフジテレビに対して新株予約権を発行しようとしたが、東京地裁は、これをみとめなかった。

18　経営者支配とは――株主はどこに

現代経済の大きな特徴のひとつは、巨大株式会社での個人大株主の消滅と機関投資家や法人株主の台頭、そして、株式所有に根拠をもたない経営者による会社支配、すなわち、経営者支配(management control)という現実である。

すすむ株式所有の分散化

この経営者支配論を最初に体系的に提唱したのは、アメリカのバーリとミーンズである。その主張の概要は、つぎのとおりである。

株式会社制度には、富の集積をはかると同時に、支配を次第に少数者の手に集中するような求心力がある。1930年現在、アメリカの事業会社上位200社の合計総資産額は810億ドルで、アメリカにおける全会社資産の約半分を占めていた。

巨大企業では、株式所有の分散化がすすんだ。

1929年、最大の鉄道会社であるペンシルベニア鉄道会社の筆頭株主の持株比率は0・34%、上位20人の持株比率は2・7%（20番目の株主の持株比率0・07%）、株主総数約20万人だった。最大の公益会社の、アメリカ電信電話会社の筆頭株主の持株比率は0・7%、上位20人の持株比率は4％（20番目の株主の持株比率0・09％）、株主総数約50万人だった。

最大の製造業であるUSスチールの筆頭株主の持株比率は0・9％、上位20人の持株比率は5・1％（20番目の株主の持株比率0・09％）、株主総数約18万人であった。

所有と支配を離した

株式会社の富の所有権が、より広範囲に分散されるにしたがって、その富の所有権とこれに関する支配は、分離することになった。

株式会社制度のもとでは、産業用富に関する支配は、最小限の所有権益にもとづいて行使することが可能となり、しかも実際に行使される。さらに、おそらく、支配というのは、そうした所有権益がまったくないとしても行使できるであろう。

少しの支配力ももたない富の所有権、および少しの所有権もない富への支配が、株式会社制度の発展の結果、生ずることになった。

経営者支配型企業が増大した

こうして、株式所有の分散化によって、経営者支配型企業が増大した。

株式会社の支配には、
・「ほとんど完全な所有権による支配」、

・「過半数持株支配」、
・「法律的手段方法による支配（持株会社設立により支配株式の節約をおこなう方法、優先株の発行による方法など）」、
・「少数持株支配」、
・「経営者支配」、
などがある。

経営者支配というのは、その所有権があまりにも広く分散しているので、会社の諸活動を支配するのに十分な少数権益をもつ個人、あるいは小集団すら存在しないというものである。

１９３０年初頭、アメリカの事業会社上位２００社のうち、
・「ほとんど完全な所有権による支配」型企業数は12社（富に対する比率４％）、
・「過半数持株支配」型企業数は10社（富に対する比率２％）、
・「法律的手段方法による支配」型企業数は42社（富に対する比率22％）、
・「少数持株支配」型企業数は46社（富に対する比率14％）、
・「経営者支配」型企業数は88社（富に対する比率58％）
であり、経営者支配型企業の比率はかなり高くなった。

19　M&Aはどのようにおこなわれるか

M&AのMはMergers（合併）、AはAcquisitions（買収）の頭文字であるが、複数の企業が協力しながら業務をおこなう提携（alliance）、日本では「首切り」と同じような意味でいわれることが多いリストラ、すなわち事業の売却などによって経営の再構築をおこなうリストラクチャリング（restructuring）も広い意味でM&Aということができる。

M&Aにさいして、その提案に反対する株主は、通常、株主総会の特別決議に反対した上で、「公正」な価値で株式を買い取ってもらうことのできる、株式買取請求権を行使することができる。

消滅会社の株主を排除する手法による合併でキャッシュアウト・マージャー（cashout merger—現金合併）といわれる。従来、合併や株式交換などでは、消滅会社や完全子会社になる会社の株主に交付される財産は、原則として、存続会社や完全親会社の株式に限定されていた。日本でも2006年から買い取ってもらえるようになり、完全子会社化がしやすくなる。

合併

複数の企業がひとつの企業として一体になることである。それまでバラバラであった企業がひとつのものとなり、給与体系もひとつになるので、最も強い「会社の結合」である。

合併をおこなうには、まず合併をおこなう会社の代表取締役が合併締結書を結ばなければならない。したがって、友好的なM&Aでないと合併はできない。

合併は企業経営に関する重要事項なので、株主総会の特別決議が必要である。

株式取得

対象企業の株式を取得し、子会社化したり関連会社化するものである。取得方法には、ふたつある。ひとつは、市場での買い付け、株式公開買い付け（TOB）、相対譲渡などのようにすでに発行されている株式を取得する方法、もうひとつは、第三者割当増資や新株予約権の行使など新株を引き受ける方法がある。

市場での買い付けは、株式が公開されている企業の株式を証券取引所などで買い入れるもので、相対買い付けは、株式をもっている人から直接買い取るものである。

第三者割当増資は、取引先、取引金融機関など、発行者、株主以外の第三者に対して株式を発行するものである。

株式取得をすることによって子会社、関連会社にするということは、買収された企業は別会社のままだということである。したがって、株主総会の承認は不要である。株式を購入するときには、かならず買収先の経営陣の了解が必要ということもないので、敵対的買収ができる。

図表10　株式交換による完全子会社化

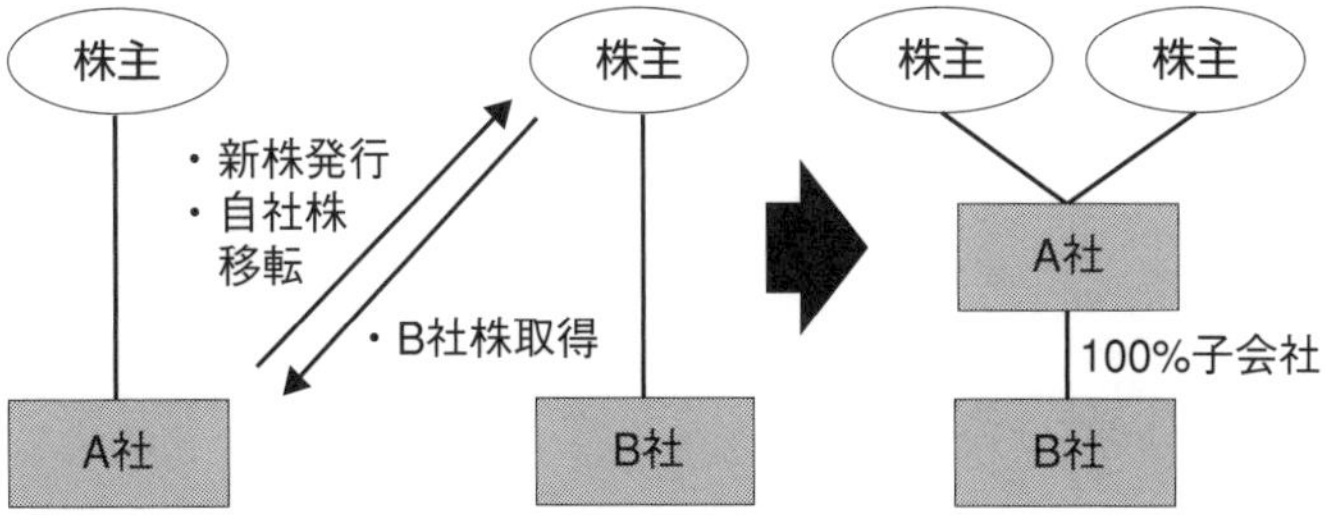

・B社の買収に現金のかわりにA社株を使用

・A社、B社、総会で特別決議

（出所）内閣府 経済社会総合研究所

営業譲渡

企業の営業の一部ないしは全部を譲渡するものである。

その場合、営業というのは、営業目的のために組織され、有機的に一体として機能する財産で、工場設備だけでなく、従業員、特許などの知的所有権、販売網などをふくんだものである。

株式交換と株式移転

1997年に純粋持株会社の設立が認められたが、既存の企業を純粋持株会社に再編成するための手段が「商法」にさだめられていなかったので、99年10月に株式交換と株式移転制度が導入された。

株式交換は、自社の新株または保有している自社株と買収先企業の株主が保有している

株式を交換するもので、それ自体は、以前からみとめられていた。（図表10）
２００７年から合併対価柔軟化により、非存続会社の株主に対して、存続会社の株式をわたすかわりに現金をわたせばよくなる。少数株主を排除して、１００％子会社化がやりやすくなる。
株式移転は、純粋持株会社を設立する場合に、株式交換の手続きを一度におこなうものである。

会社分割

２００１年4月に導入された制度で、企業の一部ないしは全部の事業部門をあらたに別会社にする新設分割と、営業を譲り受ける対価として譲渡先企業の株主に新株を交付する吸収分割がある。

市場別の分類

Ｍ＆Ａには、日本企業と外国企業の組み合わせによって、四つに分類できる。

日本企業同士のＭ＆Ａが、ＩＮ―ＩＮである。

日本企業による外国企業へのＭ＆Ａが、ＩＮ―ＯＵＴである。

外国企業による日本企業へのＭ＆Ａが、ＯＵＴ―ＩＮである。

日本企業が海外で買収した企業のからむＭ＆Ａが、ＯＵＴ―ＯＵＴである。

Ｍ＆Ａにはこのような形態と分類があるが、事業再編の手段としてＭ＆Ａを採用する場合、純粋持株会社形態がかなり有効である。

20　純粋持株会社はM＆Aがやりやすい

平成不況が深刻化するなかで、産業界から、機動的に特定の事業部門を分割して子会社にできるだけでなく、子会社を売却したり、必要な会社を買収して子会社にすることもできるので、純粋持株会社の解禁を求める声が高まってきた。

しかし、純粋持株会社というのは、みずからは特定の事業をおこなわず、ほかの会社の株を保有して、支配することを業務とする会社であって、「独占禁止法」で禁止されていた。公正取引委員会は、純粋持株会社禁止の基本理念、すなわち経済力の過度集中を防止することには変更はないという見解を堅持していた。

産業界から解禁を要求されても、純粋持株会社は、絶対不可欠というものではなく、事業をおこなっていれば、子会社をもってもよいという事業持株会社はみとめられているのだから、それで十分であると公正取引委員会は主張した。

公正取引委員会が「純粋持株会社禁止が必要である」としてあげた大きな根拠は、事業支配力の過度の集中を防止するという観点である。純粋持株会社をみとめると、戦前の資本の政治・経済を支配した財閥のようなものが復活するという。

さらに、事業をおこなっている場合は、子会社を所有することはみとめられているのであるから、解禁論の主張は、じつはこの事業持株会社で満足できるので、現状で十分であるというものであった。

持株会社とは

純粋持株会社が禁止されていたのは、わずかに日本と韓国だけであった。

ほとんどの国では設立は自由である。というのは、持株会社は、他企業の株式を保有する会社であって、企業合併よりも緩やかな会社形態だからである。経済力の過度集中という場合、通常は、M&Aによる企業規模の拡大が問題となるが、持株会社の場合はそれよりも結合形態は弱いからである。

したがって、欧米では、純粋持株会社はあくまでも企業経営の一選択肢にすぎないのであって、これを利用している企業は、多いわけではない。もちろん、それは、純粋持株会社の場合であって、事業をおこないながら子会社の株式を取得して、子会社を支配するという事業持株会社は欧米においても支配的な企業形態である。

要するに、欧米では、純粋持株会社と事業持株会社に概念的な区別はないのである。それぞれの企業の事情によって、あるいは当該事業の法的制約などをのがれるために純粋持株会社が設立される場合が多いようである。そうでなければ、事業持株会社で十分機能できるからである。持株会社設立の大きな動機のひとつは、支配資本の節約である。

事業持株会社と子会社の間に純粋持株会社（中間持株会社）を介在させる場合、株式を取得するための資金は、それが1社であれば約半分、2社であれば約四分の一、3社であれば約八分の一ですむことになる。したがって、通常は、事業持株会社が支配資本の節約のために間に純粋持株会社を介在させることは大いに意味がある。

こうして、1997年6月11日に持株会社解禁を盛り込んだ「独占禁止法」改正案が衆議院本会議で可決・成立した。日本でもようやく半世紀ぶりに純粋持株会社の設立が認められた。

アメリカの事情

歴史的にみれば、アメリカでは、公益事業で純粋持株会社の設立がおこなわれた。それは、各地域レベルでの公益事業会社では収益基盤が弱く、したがって信用力も低く、有利な条件で証券発行をおこなうことができなかったからである。その場合、各地域での公益事業会社を傘下に収める純粋持株会社を設立すると、個別公益事業会社の収益が平均化され、純粋持株会社の格付けが上昇し、有利な条件で資金を調達することができる。

この場合の純粋持株会社は、子会社の株式を引き受けて、その資金を調達するために、純粋持株会社自体が株式ないしは社債を発行して資金を調達するという、概念的には典型的な純粋持株会社である。

アメリカの金融制度の大きな特徴である銀行持株会社も固有の事情によって設立されたものである。アメリカでは、従来、銀行が州を越えて支店を設置することが禁止されていた。そこで、持株会社を設立して、その傘下の銀行を各州に設立して州際業務規制をまぬがれた。

さらに、「グラス・スティーガル法」で銀行の証券業務兼営を禁止されるとともに、銀行の株式保有が禁止されていたので、銀行持株会社を設立して、その傘下に銀行子会社、証券子会社（一定の業務規制はあったが）などをおいて金融業務の拡大をはかってきた。

ダイムラー・ベンツの事業再編

ベンツは、1980年代後半におこなった一連の多角化戦略によって、従業員38万人の文字通りドイツ最大のコンツェルンに生まれ変わった。総売上に占める軍需向け売上高の比率は約10％となり、軍需部門でもドイツ最大のコンツェルンとなった。ダイムラー・ベンツは、多角化の結果、グループを三部門に再編した。

コンツェルンを総括する純粋持株会社としてダイムラー・ベンツをつくり、傘下に重電・エレクトロニクス部門のAEG、乗用車・トラック部門のメルセデス・ベンツ、航空・宇宙部門を統括するドイツエアロスペース（DASA）をおいた。

かくして、総合ハイテク企業グループとして、また、航空・宇宙企業グループとして勇躍して拡大路線を押し進めようとした矢先に、ドイツ統一にともなう経済の停滞と世界経済の不況に遭遇してしまった。

さらに、冷戦の終結によって、国防費が削減され、自動車から電機、軍事、航空・宇宙産業と業務を拡大してきた路線を転換せざるをえなくなった。その方向は、中国や中東という新興市場を視野に入れた総合的な交通インフラ構築の担い手となると同時に、環境関連事業への進出であった。もちろん、業容の絞り込みと事業再編は徹底的におこなわれた。

5万人を超える大規模な人員削減、自動車部門のメルセデス・ベンツは、小型モデルの投入と商業車部門へのてこ入れで、高級車メーカーからフルラインナップ・メーカーへの脱皮をはかり、さらに、電機部門のAEGは、中心的な事業であった家電などを次々に売却し、鉄道車両などの交通関連システムやマイクロエレクトロニクスという特定の分野に人材や資金を投入した。

この路線に不可欠な企業の買収は、対象企業の業績がたとえ悪くてもおこなった。ドイツエアロスペースは、1993年にオランダの中型航空機メーカーであるフォッカーに51％の資本参加をおこなった。同社は、93年12月決算で4億6000万ギルダーの経常赤字を出していた。

ハイテクを駆使して操縦される航空機は、航続距離など機体の性能ごとに必要とされる技術は多岐にわたっている。これによって、ダイムラー・ベンツは、大型機のエアバス、中型機のフォッカー、小型機のドルニエという民間航空機生産のフルラインをもつことができるようになった。

その結果、ダイムラー・ベンツは、半導体やレーダー、構造材、エンジンの各分野で総合的な技術・航空機開発、営業が可能となるはずであった。

ベンツの再編

しかし、このような路線転換もうまくいかなかった。やはり構造的な再編をしないかぎり、この苦境を乗り切ることは不可能だったのである。

1995年1月、86年に買収したものの一度も黒字決算できなかったAEGをダイムラー・ベンツに吸収した。これは、AEGを一度持株会社に改組して、それをダイムラー・ベンツ本体に取り込むという形でおこなわれた。

AEGの発行済み株式のうち一般株主のもつ12・35%の株式は、ダイムラー・ベンツ株に切り替えられた。AEGは、家電部門の売却をすすめてきたが、発電関連部門や自動化装置部門の売却もおこない、吸収した鉄道、電子事業に業務を特化することになった。

フォッカーは、ベンツが買収したあとにも赤字が拡大し、1995年6月の中間決算で6億5000万ギルダーの純損失を計上し、年末には債務超過におちいった。

そこで、1995年1月にダイムラー・ベンツは、フォッカーへの支援策を断念し、フォッカーは、オランダの裁判所に対して更生手続きをとり事実上倒産した。DASAは、1995年12月期決算で43億マルクの純損失を出したが、そのうち23億マルクはフォッカー売却にともなう特別損失であった。

ＤＡＳＡは、１９９６年2月に従業員の数を当時の5万５０００人から98年末までに3万８０００人に削減すると発表した。ＤＡＳＡは、プロペラ機、航空機用エンジンなどの事業を順次縮小し、欧州共同開発のエアバスに集中することになった。

他方、ダイムラー・ベンツの多角化は、冷戦の終結で変更を余儀なくされているものの、国際展開をするという点では基本線は維持されるかにみえた。

というのは、ダイムラー・ベンツが１９９５年11月に中国の航空機メーカー、中国航空工業総公司と共同で宇宙関連技術の平和利用をすすめるプロジェクトで合意したからである。中国は、ドイツに航空・宇宙分野での先端技術の移転を求めていた。

ダイムラー・ベンツの国際展開、とくにアジア地域で業務を拡大していくうえで、自動車だけでなく航空・宇宙産業、総合交通コンツェルンとしての重要性はますます増大していくようにみえた。しかし、事態はそれほど簡単ではなかった。

ダイムラー・ベンツの赤字は、航空・宇宙部門によるものであって、自動車などの基幹部門はある程度の利益を確保していた。ダイムラー・ベンツの経営危機は、結局、冷戦末期に急激におこなわれた多角化の失敗が表面化したものである。したがって、純粋持株会社としてのダイムラー・ベンツを解散して、自動車企業としてのダイムラー・ベンツに生まれ変わるという方向が選択された。

その一環として、１９９６年1月にダイムラー・ベンツは、自動車部門のメルセデス・ベンツを吸収合併することを決定し、多角化戦略を展開する以前の自動車会社としてのダイムラー・ベンツにもどった。このようなリストラの結果、企業業績は大幅に改善した。

かくして、ダイムラー・ベンツは、欧州通貨統合を契機に世界の自動車産業で支配的地位を確保すべく、1998年1月、アメリカのクライスラーとの合併によって、新会社、ダイムラー・クライスラーを設立した。このときに採用されたのが、日本で外資との株式交換においてみとめられることになっている三角合併といわれるものである。

三角合併とは、企業が外国の企業を買収する場合、買収先国にもうけた子会社を受け皿として合併させる方法である。

ダイムラー・クライスラーのケースは、まず、ダイムラー・ベンツがアメリカに買収を目的とする会社を設立した。この買収を目的とする会社がアメリカのクライスラーを買収するのであるが、クライスラーの株主には、買収対価に見合うだけのニューヨーク証券取引所に上場していたダイムラー・ベンツ株が割り当てられた。

21　敵対的買収の意義と弊害はどこに

アメリカでは、１９８０年代に敵対的買収が横行したが、その後、あまりおこなわれてはいない。やはり、自分のいらない部門を買ってもらったり、ほしい部門を売ってもらったりするためには、友好的な買収交渉が不可欠だからである。幸せな企業買収が増加してきたのである。

また、１９７０年代末から80年代には、マネーゲームとしてのＭ＆Ａがさかんにおこなわれたが、それは、やはり健全な経済システムにはそぐわないという考え方が定着してきたからであろう。

敵対的買収の意義

相手が合併を望んでいないのに、無理やり買収をしかける敵対的買収によって手に入れた企業を、自分たちの事業の利益向上に役立てることはかなりむずかしいことであろう。不幸せな企業買収だからである。

もちろん、そのようなこともないとはいえないであろうが、一方で、敵対的買収の経済的意義は、非効率的な経営をおこなっている会社が敵対的買収をしかけられるというところにある。

敵対的買収によって買収した会社をうまく経営すれば、企業経営が効率化される。買収した側は、買収価格よりも高く株式を売却できる。不合理な経営をしたら、敵対的買収をしかけられ、経営者が放逐されるということになれば、経営者は、より効率的な経営をおこなうように心がける。その結果、経済も効率化・活性化していくことになる。

したがって、敵対的買収がすべて不幸せな企業買収ということはできない。あくまでも結果によって判断される。

敵対的買収の弊害

しかしながら、敵対的買収には、さまざまな弊害がある。これらは、だいたい不幸せな企業買収の弊害である。

ひとつは、グリーンメール(greenmail)が暗躍することである。グリーンメールは、株を買い占めて、相手の会社をおどして、高値で買い取らせることである。

ふたつめは、解体型買収がおこなわれてしまうことである。アメリカで、１９８０年代に横行したが、これは、企業の清算価値に注目するものである。株価が1株当たりの純資産より低い場合、敵対的買収をおこなって清算すれば、もうけることもできるからである。

三つめは、二段階買収がおこなわれることである。第一段階で三分の二超を敵対的買収で取得する。株式の三分の二超を買い占めたら、普通決議だけでなく、特別決議もつかって、小数株主の保有する株が安くなるように画策したり、そういう不安をあたえたりして、第二段階で、のこりの株式を安く手に入れようとすることである。

四つめは、会社の長期的利益を阻害することである。敵対的買収にあわないように効率的な経営に心がけることはいいことであるが、敵対的買収から身を守るために、無理やり配当して株価を引き上げたり、短期的な視野での経営がなされたりする。長期的にみれば会社経営にとってマイナスとなることが少なくない。

III

アメリカの証券市場とM&Aはどうなっているか

22　アメリカの証券市場はどう発展したか

１９７０年代に入るとアメリカの通貨・金融システムが質的な転換をとげた。その契機のひとつとなったのが，固定為替相場制から変動為替相場制への移行であった。変動相場制への移行によって，金融取引や貿易取引において為替リスクがあらたに発生するようになったからである。

この為替リスクをヘッジする手段として，江戸時代に大阪の堂島でおこなわれていた帳合米取引，すなわち先物取引の手法が導入された。ここから，金融の分野でリスク管理と金融収益拡大の技術が急激に進展していった。

１９７２年には，ポンドなどの外国通貨の先物市場がシカゴ・マーカンタイル取引所に，75年には，政府抵当金庫債の金利先物取引市場がシカゴ・ボード・オブ・トレードに開設された。

証券ビッグバンがすすむ

一方で，１９７０年代に入るとアメリカにおいて，株式市場の再生にむけたうごきが活発化してきた。71年には，新興企業向け証券市場であるナスダックが創設された。75年5月には，株式委託手数料の自由化と証券取引所集中義務の撤廃などが実施された。これがメーデーとよばれるもので，アメリカにおける事実上の証券ビッグバンであった。

このメーデーによって、アメリカの証券市場は、大きくしかも質的に変容してきた。市場の側面では、証券取引所、店頭市場、1990年代に急速に拡大してきた私設取引システム（PTS）の間での注文獲得競争、最良執行、執行のスピードを速めるためのシステムの向上をめぐる競争が激しくなった。

機関投資家の大口注文やいくつかの銘柄をまとめて売買するバスケット注文をスムースに処理するために、システムに匿名性を保証したり、価格の模倣によって執行コストの低下がはかられた。証券業者は、手数料収入の減少をおぎなうために、業務の多角化をすすめたり、競争力を発揮できる分野に経営資源を集中させる特化型の証券業者も登場してきた。

1980年代に入ると、M&Aが活発化したが、買収が大型化するにつれて、さまざまな資金調達手段が編み出された。その中心が、格付けがダブルB以下のハイ・イールド債、いわゆるジャンク・ボンド（junk bond）であった。しかし、このブームも87年のブラック・マンデー、90年のジャンク・ボンド市場を事実上支配していたドレクセル・バーナム社の倒産により終了した。

1990年代に入ると、本格的な「経済の株式化」・「株式の通貨化」によるまさに金融・証券革命というべき事態が進行することになった。

機関化が進展した

株式市場の機関化がいちじるしく進展したのも特徴である。とくに、1990年代に投資信託であるミューチャル・ファンドが急速に成長し、大量の個人資金が入ってきた。

ミューチャル・ファンドの主要金融機関の保有資産構成比は、1981年の5・3%から91年の10・7%、99年には21・9%まで上昇している。このミューチャル・ファンドの急激な成長は、90年代の株価上昇を反映した株式ファンドの拡大によるものであり、個人資金や年金基金などの機関投資家の資金が大量に流入した。

私的年金基金と州・地方政府職員退職基金の構成比も、1981年の16・0%から91年の22・9%、99年には28・8%まで上昇している。

機関投資家は、運用資産を拡大することを最大の目的としているので、この投資家が成長することにより、企業経営にも大きくコミットすることになり、コーポレート・ガバナンス（企業統治）は、日本にくらべるとかなりすすんできた。まさに、アメリカ企業の経営者支配から「機関投資家支配」への転換がはかられてきたといえよう。

効率的な経営の実態は

労働者に対しても、会社に貢献することが数量的に検証できるものについては、出来高払い賃金が適用された。10億円の利益をあげたら5億円以上は支払う。利益をなかなかあげなかったり、許容範囲内を少しでもこえた損失を出したらだいたいはクビになる。

だから、投資銀行分野などでは、優秀な人間が集まって、国民経済的にこのましいものかどうかは別にして、高度な金融技術が開発される。成果が数量的に検証しずらい業務であっても、なんとか理由をつけて成果をランク付けして賃金がきめられる。

このように成果賃金になると、労働者が団結して労働組合をつくって、経営者と交渉することができなくなってくる。賃金が低いのは、能力がないか、やる気がないからだということになるからである。

経営者に求められるのは、利益率の高いビジネスの拡大のほかに、経営の合理化・効率化である。経営者には、さらにきびしい成果賃金制がとられているが、これは、アメリカではストック・オプション（stock option—新株予約権）という形態をとることが多い。

したがって、経営をやりやすくさせるために、解雇が日欧にくらべてかなり容易である。日本やヨーロッパのように、大規模な解雇をしないで経営を合理化・効率化するのはかなりむずかしいからである。

こうして、経営者が比較的簡単に労働者・従業員の解雇を断行できるので、それで経営を建て直して利益率をあげれば株価が上昇する。経営者がストック・オプションを行使すれば何十億円という利益を得ることもある。

だが、首切りをして膨大な報酬をふところに入れるシステムが本当にいいのだろうか。1990年代にアメリカは、史上空前の好景気を享受したが、こうして、アメリカの貧富の差はいちじるしく拡大した。

「経済の株式化」の進展

1990年代のアメリカ経済における大きな特徴のひとつは、企業にとって、株式市場がたんなる資金調達の場から、企業の成長力と研究者・科学者やアイデアなどの知的資産などバランスシートにはけっしてあらわれない企業の価値を「通貨化」する場に転換したことである。すなわち、「経済の株式化」や「株式の通貨化」という事態の進行である。

企業のM&Aも従来のように、高利回り債(ジャンク・ボンド)発行や銀行借り入れによる資金ではなく、株式交換によっておこなわれるようになってきた。そうすると、アメリカでは高株価経営がおこなわれるようになった。高株価経営をおこなえば、増資による資金調達は容易になり、しかも大量の資金を調達することができるからである。

とくに、株式交換による企業買収では、被買収企業の株価よりも自社の株価が上昇すれば、より多くの企業を買収できるようになる。時価1000円の株と時価500円の株を交換すると二対一であるが、買収側の株価が倍の2000円になれば、半分ではなく四分の一の株数で買収できるからである。その分だけ多くの企業を買収できる。

きわめつけは、ストック・オプションが優秀な人材の獲得と確保の有力な手段となってきたことである。賃金という範疇を超越したストック・オプションは、アメリカで1990年代にネットバブル経済が進行するなかで絶対的に不足する優秀な人材を確保するための重要な手段となった。

ＩＴ関連企業だけでなく、多くの企業も優秀な人材を確保するために、ストック・オプション制度を率先して導入した。

一年後に勤務先の株を50万円で１００株売ってあげますという条件で一生懸命働き、業績が上がって株価が１００万円になれば、この権利を行使して50万円で買って１００万円で売る。１００株なので売却益はじつに５０００万円となる。

このように、株式が事実上「通貨」として使用されるようになってきたので、この「通貨」が株価暴騰によって大量供給されるようになると、経済が一段と発展することになる。

個人消費も拡大する

アメリカの個人は、投資信託などを通じてその半分がなんらかの形で株式にからんだ金融資産を保有している。

一時、アメリカの個人部門の貯蓄率はマイナスちかくまで低下したといわれた。しかしながら、株価上昇によるキャピタル・ゲインを所得にくわえると、株式市場の絶頂期の１９９９年の貯蓄率はじつに40％ちかくになったという。

４０１ｋという確定拠出年金も、株式バブルが生涯つづけば、将来、相当の給付を期待できる。４０１ｋは、労使双方が資金を拠出して、従業員が自分の責任で運用するもので、会社がかわっても、それをもっていけるという年金である。

もちろん、資産価格が上昇しただけでは消費は増えない。しかし、そうはいっても、金融資産価格が毎日上昇し、老後の生活も心配なければ、貯蓄にはげむ必要はないので個人消費は拡大するだろう。

このように、「経済の株式化」と「株式の通貨化」が進行することによって、1990年代に戦後最強・最長の景気高揚と株式バブルが形成された。

23　株主資本主義弊害の実例は

現在のアメリカ型経済システムの特徴は、株式会社制度を基本にして、競争原理をとことん追求するものなので、そのシステムのもとでは、労働者・従業員も企業収益に貢献しなければ、解雇されるか、よくて低賃金に甘んじなければならない。

株式会社の所有者は、株主なので、法に抵触しない範囲で可能なかぎり多くの利益をあげて、株主に配当するのがすばらしい経営者であり、いい労働者・従業員なのである。したがって、利益に貢献しない労働者・従業員はもちろんのこと、経営者は、赤字を出さなくても、目標とする十分な利益が出ないだけで、ただちにお払い箱になるケースが多い。

アメリカの経営者は、株主に雇われているが、これは、株式会社のあり方からすれば間違いではない。だから、株主のために利益をあげることが最大の使命になるし、株主に少しでも多くの配当を実施する経営者が求められるのである。その結果、長期的な経営方針をもつというよりも、四半期ごとの企業収益に一喜一憂する場合が多い。

したがって、経営状態が悪くなったら、まず首切りをしてコスト削減をおこなって利益を確保し、1株当たりの利益を増やそうとする。利益があがっていても、目標とする利益に到達していなければ、人員整理をする場合もある。

そこで、労働力の流動化システムが整備される。解雇されても、優秀な人はほかにいくらでも職場があるという状態にしておかなければならないからである。そうでなければ、失業者が激増し、社会不安をまねいてしまう。

株主資本主義の誤算

アメリカのアラン・ケネディという経営コンサルタントがネットバブルの真っ只中にあった1999年10月に出版した『株主資本主義の誤算』（奥村宏監訳、ダイヤモンド社、2002年）という本は、アメリカ型経済運営の危険性をきびしく指弾している。

アメリカで1980年代半ばから企業活動のあらたな推進目的として採用された株主価値を重視する経営を痛烈に批判している。株主価値というのは、企業価値と同じような意味であるが、将来入ってくるであろう現金や減価償却費などのキャッシュフローを現在の価値に引きなおしたものを価値目標として経営をおこなうというものである。

どうして株主価値を目標とする経営には問題があるのか。現在の株価を吊り上げようとすれば、会社の将来を抵当に入れるようになり、そのツケをはらわされるのは、次世代の投資家、顧客、従業員だからである。

19世紀の企業家にとって富というのは、あくまで成功の副産物であり、富を追求することは本来の目的ではなかったが、現在では、金もうけだけが企業経営の目的になっていることが大問題なのである。

株主価値を採用した経営で成功したのは、アメリカの電機大企業、GE（ゼネラル・エレクトロニクス）であった。だが、その経営実態というのは、ひとつは、伝統的部門のリストラクチャリング（経営の再構築）とダウンサイジング（経営の縮小）、研究開発費の大幅な削減を断行してコストを徹底的に削ることであった。

もうひとつは、資金の最大の使い道が供給量を減らして株価を引き上げるために自分の会社の株を自分で買う自社株買い、利益の40％強を稼ぎ出す金融サービス業への業務の集中などであった。

こうして株主価値を追求する企業は、手段を選ばず株価を膨らませてきたので、従業員その他の利害関係者をないがしろにした。

ストック・オプションが付与されると、株主だけでなく、経営者も、株価が上昇することで利益が得られる。そこで、古い工場の閉鎖、歴史はあるが赤字の事業の撤廃など、金もうけのために、従来やられなかったこともやるし、また、失業者が増えたりするので、社会的影響に配慮してダウンサイジングなどにあまり賛成しなかった株主も株価上昇を期待してみとめるようになった。

株主価値を重視する経営は、あらゆる手段をつかって株価の引き上げをはかるので、近視眼的な経営を生み出すようになった。

たとえば、研究開発費を削れば、とりあえずは利益が増えて、株主に配当できる。しかし、少しでもいいものを安くつくらなければ生き残れない製造業の世界で、研究開発費を大幅に削減するということは、そのままでいけば、いずれ近い将来つぶれるということである。株主のための経営が結局は、株主に大損害をあたえて幕となる。これが株主資本主義の冷厳なる本質である。

日本では、とくに平成不況に突入してから、このような株主資本主義の導入が推進されてきた。このままいくと、ものづくり国家が崩壊し、金融収益で生きていかなければならなくなる。

しかし、アメリカ金融資本と争っても、日本の個人投資家はもちろんのこと、金融機関や企業もけっして十分な金融収益を獲得できない。むしろ、「弱肉強食のジャングル」で身ぐるみ剥がれるのが落ちである。したがって、ものづくりを放棄したら日本経済は崩壊する。

株主資本主義の弊害の特徴的な実例として、イラク侵攻にあたっての、アメリカ・マスコミの報道と、その報道に対してマスコミが自己検証をせまられたということがあげられる。

メディアのイラク報道

イラク侵攻にあたってアメリカ軍は、大量の記者を従軍させた。米兵と寝食をともにすれば情がうつる。そうすると、従軍記者は、アメリカ軍に不利な事実を報道しなくなる。

そのため、アメリカでは、イラク市民、子供や女性の犠牲はほとんど報道されなかった。いさましいアメリカ軍の行軍だけが報道された。おそらく、アメリカ人の多くは、イラク市民にあまり犠牲者が出ずに、アメリカが勝利したと思っていることだろう。

ネオコン（新保守派）にとって、これから中東地域にアメリカ民主主義を普及していく手はじめの戦争なのであるから、アメリカ国民の批判をうけずにイラク侵攻を成功させることが絶対的前提条件であった。

アメリカのマスコミは、アメリカによるイラク侵攻に反対する論調を完全におさえこんだ。アメリカが攻撃され、防衛戦争をおこなっているのに、どうして戦争に反対するのだ、「非国民」というわけである。アメリカ人は、国連安全保障理事会の決議のない国際法違反の戦争だとは思いたくはなかった。だから、イラクに自由を回復させるための戦争という主張にも共感したのである。

アメリカ国民の戦意向上のために、アメリカ軍による捕虜救出作戦が大々的に報道された。このアメリカの捕虜は、戦闘でけがをしたのではなく、事故で病院に入れられていたのであるが、アメリカ軍がイラク兵との激戦のすえに救出したかのように報道された。

そこで、アメリカは、兵隊を大事にする国だということになった。だが、アメリカ軍が救出作戦をおこなったときには、イラク兵はこの病院にはいなかった。そんなことは、従軍記者は知っていたはずである。

このように、戦争反対の世論を完全に封じ込めたのは、ネオコンの意図的なものでもあっただろうが、もう一方でアメリカのマスコミにも問題がある。

アメリカのマスコミは、さまざまな企業が一体となるコングロマリット形態をとるようになっている。そうすれば、当然、株主の意向にそって報道するようになる。

本来、マスコミは最大限、真実を報道しなければならないはずである。そうでなければ、日本の戦時中のように「大本営発表」がまかりとおり、言論統制に屈したマスコミはウソの報道をし、国家の進路をあやうくする。

アメリカでは、イラク侵攻の当初、米軍に不利な報道をしたテレビ局の視聴率がいちじるしく低下した。大ネットワークからシェアを奪おうとしたテレビ局が、いさましい米軍の姿だけを報道して高い視聴率をかせいだ。ある程度はプライドをもっていた大ネットワークなど、多くのマスコミも、アメリカ軍の健闘をたたえるようになってしまった。

その理由は、多少視聴率が落ちてもマスコミの良心をつらぬくことができなくなってしまったことにある。アメリカ型株式資本主義の矛盾である。大株主が頂点に君臨することによって、とにかく視聴率をかせいで、スポンサーから多くの広告収入を得て利益をあげ、配当を増やすとともに株価を上げなければならなくなったからである。

アメリカのマスコミの自己検証

イラク戦争が長引き、侵攻の大義が揺らいでくると、マスコミも当初の報道姿勢を自己検証するようになった。あるテレビ局は、イラク侵攻でのアメリカ兵の犠牲者を顔写真入りでよみあげた。

ニューヨーク・タイムズ紙は、２００４年5月30日付のコラムでイラクの大量破壊兵器に関する報道姿勢に問題があったということを指摘した。

それは、第一に、特ダネを渇望して、抑制がきかなくなったこと、第二に、記者の勲章である一面での署名記事を書くため、威勢のいい記事になってしまったこと、第三に、重要な記事の内容の再検討や検証をしなかったこと、第四に、ウソの情報源であった場合、公表しなかったこと、第五に、社内での同僚の批判が封じられたこと、などであった。

ワシントン・ポスト紙は、２００４年8月12日付でイラク戦争に対する報道を検証する記事を掲載した。

それは、第一に、２００２年8月から開戦前日までアメリカ政府の主張に重きをおいた１４０

本以上の記事が1面にのった半面で、政府の主張に異議をとなえる記事も多く掲載したものの、1面はほとんどなかったこと、第二に、開戦の数日前、アメリカは、イラクの大量破壊兵器所持の証拠をもっていないのではないかという記事が、編集者の抵抗で不採用になりかけたが、有名記者の口添えで掲載されたものの、ようやく17面であったこと、というものであった。

この一連の事態は、アメリカ型市場原理主義が極限まで貫徹されると、きわめて深刻な事態をむかえることをおしえている。

24 アメリカでM&Aはどのようにすすんだか

アメリカでの企業集中の歴史は古い。この歴史のなかで、1980年代中葉以降のM&Aは、企業再編・合理化のためという側面とともに、企業を「金融商品」として売買し収益をあげる、いわゆるマネーゲームとして展開されたところに大きな特徴があった。

M&Aの歴史

アメリカでのM&Aの展開を歴史的にみると、独占形成期の19世紀末から20世紀初頭、192

0年代後半、60年代後半、75年以降、80年代に活発におこなわれた。そして、90年代に入ってしばらくしてから、またM&Aが活発化した。

19世紀末から20世紀初頭にかけてのM&Aは、競争的資本主義から独占資本主義に移行した生産力基盤を確立するための一環としておこなわれたもので、鉄道、鉄鋼、電機、化学などの重化学工業部門や電信電話などの部門で企業の合併がすすんだ。さらに、金融機関の合併もおこなわれた。

1920年代後半には、おりからの証券市場の高揚もあってふたたび企業の合併のうごきが活発化した。その主役は、当時の新興産業であった自動車、石油、電力、化学、非鉄金属などの部門や電信電話の部門であった。

1960年代後半のM&Aブームは、それまでのものと多少性格がちがっていた。そこでは、異業種あるいは多業種企業が一緒になるコングロマリット（複合企業）型集中・合併が主流となった。

コングロマリット形成のうごきは1969年の不況で一応終了し、75年頃からM&Aが活発化する。当初は、GEやエクソンのような一流企業がM&Aの主役を演じた。80年代に入ると事業の分割を意図したM&Aが多くなってきたが、ここでの特徴は、ジャンク・ボンド（信用度の低い高利回り債）やLBO（leveraged buyout）というあたらしい買収資金の調達手段が開発されるようになったことである。

さらに、この時期のM&Aの特徴は、企業を「金融商品」として売買して膨大な収益をあげるというマネーゲームとして展開されたことである。しかし、この財テク型M&Aは、ジャンク・ボンド市場で一世を風靡したドレクセル・バーナム・ランベール社の倒産とともに一応の終了を遂げることになる。1990年2月のことである。

その後、しばらくM&Aは下火となっていたが、1993年あたりからふたたび活発化の様相を呈してきた。ここでのM&Aの特徴は、財テク型ではなく、戦略的な色彩をおびていたことである。

このように、アメリカでは、M&Aとセキュリタイゼーション（金融の証券化）が1980年代以降、急速に進展した。ここでのM&Aは、従来型もあるものの、以前のものとかなり性格が異なっていた。（図表11）

その特徴はつぎの点にある。

事業再編型M&A

事業分割や事業の再編成の増大にともなうM&Aが多かったことである。

1970年代初頭に、多くのコングロマリット（企業複合体）は、買収した企業の不採算部門を売却した。80年代には、多くの企業は、中核部門の経営に専念するため、それ以外の部門はたとえ収益性が高くとも売却し、その資金で中核部門を補強するという行動がとられた。

本来であれば、不要な部門、非採算部門を強制的に整理する「恐慌」が果たした機能をここでは、M&Aがになった。したがって、この時期のM&Aは、「恐慌」の代替機能を果たしたといえよう。

それは、M&Aがひととおり完了すると、過剰設備も整理され、経営が合理化されて、1990年代に入るとアメリカ経済は好況過程に突入し、企業の収益性も向上していくことからもあきらかであろう。

マネーゲーム

つぎに、壮大なマネーゲームの様相を呈したことが大きな特徴である。たとえば、買収先の資産を担保として資金を調達して買収し、再編したあとにふたたび売却して膨大な収益を得るようなことまで可能となった。

したがって、それは、買収・被買収側の会社、およびその株主だけでなく、M&Aを仲介する金融機関、投資家などを巻き込むマネーゲームとして展開された。ここに、この時期のM&Aの最大の特徴がある。

グリーンメーラーの登場

この時期に、グリーンメーラー(greenmailer)とよばれる人びとが登場してきた。彼らは、

図表11　アメリカでの主要な敵対的買収案件

たばこ・食品大手RJRナビスコ（1988年、290億ドル）
1980年代最大のM&Aで、マネーゲームの頂点をなすものであった。投資会社コールバーグ・クラビス・ロバーツ（KKR）に買収される過程で多額の負債をかかえこんで経営が悪化した。KKRは、90年代に友好的なM&Aに転換した。
出版大手タイム（1989年、120億ドル）
映画大手との合併で合意していたときにパラマウント・コミュニケーションズから買収提案がなされた。企業価値が高まるのであれば短期的な株主利益を考慮しなくともいいという判決が出て、パラマウントは敗北した。
医療大手ワーナー・ランバート（1999年、900億ドル）
ファイザーからの買収提案を受け入れ、アメリカン・ホーム・プロダクツ（AHP）との合併を白紙撤回した。株主がファイザーの傘下入りを望んだからである。ヒット医薬品「リピトール」を得たファイザーは世界最強の医療企業となった。
ソフトウエア大手ピープルソフト（2003年、100億ドル）
自社を売りに出してもいないのにオラクルによって買収提案がなされた。1年以上も買収阻止にうごいたものの、株主の支持を得られずに敗北した。オラクルから批判されたポイズンピルをつかうことができなかった。
娯楽大手ウォルト・ディズニー（2004年、660億ドル）
機関投資家から経営を批判され、経営刷新を求められている状況のなかで、ケーブルテレビ大手コムキャストから買収提案がなされた。しかしながら、コムキャストは買収価格を引き上げることができず、最終的に敗北した。

＊ カッコ内は買収発表時期と買収金額。敵対的買収失敗の場合は買収提示額。
（出所）トムソンファイナンシャルなど

標的とした企業の株式の5〜10％を買い占めたあと、TOBをかけるとおどして、経営陣に買い占めた株式を相当のプレミアム付きで買い戻させ、膨大な収益をあげた。

グリーンメーラーは、敵対的買収をしかけたり、株を買って経営者におどしをかけたりする。グリーンメールは、ブラックメール（恐喝）をもじった言葉で、アメリカ・ドル札がグリーンなので、M&Aを通じて経営者をおどすことをいう。

ジャンク・ボンドやLBOがつかわれる

買収にさいして、ジャンク・ボンドやLBOというあたらしい資金調達手段がつかわれるようになったことも大きな特徴である。

LBOは、買収に必要とされる経費の1〜2割を買収側が自己資金でまかない、買収される側の企業の事業部門の資産あるいはそれが将来生み出すキャッシュフローを担保にした負債によって、のこりの大部分の資金をまかなう買収方法である。この資金の調達手段としておおいに利用されたのが、いわゆるジャンク・ボンドである。

ジャンク・ボンドというのは、投資不適格債券のことであって正規に公募市場で発行できないものである。1970年代後半になると、このジャンク・ボンドが正規の債券を発行できない企業、M&AやLBO形態での資金調達、さらに自社株の買戻しなどのために発行されるようになった。80年代に入るとジャンク・ボンド市場が急速に拡大することになった。

M&Aの類型とLBO

アメリカでおこなわれるM&Aには、救済型、財テク型、戦略型などがある。

救済型は、経営破綻をきたした企業や金融機関を救済するために、別の企業や金融機関が買収するものである。

財テク型は、金融的な利益の追求を目的にして企業の売買をおこなう、投機的なものである。典型的な不幸せな企業買収である。

戦略型は、本業の延長かあるいはそれを補完することを目的として、取引関係のある企業などを買収するものである。

M&Aというと投機的な財テク型（「マネーゲーム」）ととらえられがちであるが、現実には、この種のものはM&Aの一部にすぎない。救済型は、どこの国でもしばしばみられるもので、戦略型は、日本に多いタイプである。

そして、M&Aは英米ではしばしばTOBを通じておこなわれるが、それには、友好的なものと敵対的なものがある。

財テク型のM&Aに利用されることが多いのがLBOである。

LBOには、安定したキャッシュフローで借金の元利を返済するという伝統的な形態もあるが、注目されるのは、いわゆる財テク型LBOである。そして、10億ドルをこえるメガLBOが登場するようになると、この買収資金をまかなうためにジャンク・ボンドが利用されるようになる。

ＬＢＯは「現代の錬金術」であるといわれたが、それは、ＬＢＯの仕掛人は、それがたとえ小企業であったとしても、ほとんどみずからの資金をつかうことなしに巨大企業すら買収できるからである。

歴史上、「錬金術」が成功したためしはないが、現代の「錬金術」ＬＢＯは、アメリカでは、一時、大成功をおさめた。しかし、１９９０年代に入ってからの財テク型Ｍ＆Ａの減少によってＬＢＯはほぼ消滅した。

２００５年3年、16年ぶりに投資会社7社の企業連合がＬＢＯにより情報処理サービス大手のサンガード・データ・システムを買収することで合意したが、これは財テク型Ｍ＆Ａではない。

イギリスをはじめとする欧米諸国でおこなわれているのがＭＢＯ（management buy-out）である。日本でいう暖簾分けであって、企業経営にたずさわっているマネジメント（経営陣）が、企業の所有者から株式などを買い取って経営権を取得することである。

マネーゲームＭ＆Ａブームは終焉した

とくに１９８０年代後半に拡大した財テク型Ｍ＆Ａのブームは、ジャンク・ボンド市場で一世を風靡したドレクセル・バーナム・ランベール社の倒産とともに終了した。同社は、１９９０年2月13日、経営危機におちいり、証券部門を除く各部門について「連邦破産法」第11条にもとづく会社更生手続きの適用を申請した。

このドレクセル・バーナムは、１９８７年のブラックマンデー前には5億ドル以上の純利益をあげ、ジャンク・ボンドの引受けシェアも70％ちかくに達していた。80年代に活躍した企業買収者のほとんどは、ドレクセル・バーナムの助けを借りたといわれている。

このドレクセル・バーナムの経営がおかしくなったのは、１９８８年に証券取引委員会（ＳＥＣ）などがドレクセル・バーナムと同社幹部で「ジャンク・ボンドの帝王」といわれたミルケンをインサイダー取引で摘発してからのことである。結局、ドレクセル・バーナムは、６億５０００万ドルの罰金を支払うことになった。

さらに、１９８９年9月には、カナダの不動産会社キャンポーの百貨店子会社の倒産、10月のユナイテッド航空の持株会社ＵＡＬの買収資金調達の不調、ＲＪＲナビスコ・ホールディングの格下げと90年2月の12万５０００ドルの発行延期、そして、ドレクセル・バーナムの経営危機などが重なりジャンク・ボンド市場は崩落した。

結局、ドレクセル・バーナム・ランベール社は、30億ドル以上の負債をかかえて倒産した。この倒産によって、ジャンク・ボンド市場の興隆はいちおう終了した。

１９８０年代には、ＬＢＯや資金調達手段としてのジャンク・ボンドの発行などによって巨大なＭ＆Ａが成功したので、ますます投資家は、ジャンク・ボンドに投資するようになった。しかし、こういう時代は長くはつづかなかった。結局、企業の借金体質の変更がせまられることになった。

ドレクセル社の倒産にさいして、連邦準備制度理事会などの金融当局が混乱回避につとめたため、金融・資本市場への衝撃はあまり大きくはなかった。ただ、ジャンク・ボンドから信用度の高い米国債などに資金がむかう「質への逃避（フライト・ツー・クオリティー）」現象が生じた。

25 どうしてアメリカではすぐ訴訟に持ち込まれるか

経済問題で日本でも訴訟に持ち込まれるケースは少なくはない。しかしながら、アメリカでは、日本の比ではない。だから、アメリカに弁護士はやまほどいる。

裁判所の解釈にゆだねる

ひとつは、アメリカには、広い解釈ができるような規定が多いからである。

日本の法体系では、たとえばなにが証券かということは、「証券取引法」で規定されている。国債、株式、出資証券などである。同法にかかげられていないそれ以外の証券については、政令で指定すれば証取法上の証券として法律の適用をうけることになっていた。しかし、同法が制定されてから政令指定をうけた証券はひとつもなかった。これが限定列挙主義とよばれるものである。

それに対して、アメリカでは、証券というのは、「投資契約」や「一般に証券とよばれているもの」という形できわめて広く定義されている。したがって、投資家に被害をあたえそうな金融商品が登場すれば、被害が広がる前に「証券取引法」を適用してとりあえず販売差止め命令を出す。それが同法上の証券であるかどうかは、しかるのちに裁判所が判断する。

日本でもかつて、アメリカのように証券概念を広く定義しようということが議論されたことがあった。金融の証券化がすすんできたものの、「証券取引法」に規定がなかったからである。続々と登場する金融商品・証券化商品を同法で広く網をかけて投資家保護のシステムに組み込もうということになった。しかしながら、銀行・証券分離体制のもと、証取法上の有価証券ということになると、銀行が取り扱えなくなってしまう。したがって、法改正がおこなわれても、依然として、いくつかの特徴的な新金融商品が列挙されるにとどまっている。

反対解釈で業務をおこなう

もうひとつは、解釈をめぐって、法廷で争われることが多いからである。

日本の銀行・証券分離制度の雛形となった1933年制定の「グラス・スティーガル法」第20条は、連邦準備制度加盟銀行が証券業務に「主として」従事する法人などとの間で系列関係をもつことを禁じていた。したがって、銀行持株会社（いわゆる金融持株会社）は、証券業務に「主として」従事しない系列証券会社を通じて証券業務の拡大をおこなってきた。反対解釈といわれるものである。

具体的には、1985年に銀行持株会社シティコープが連邦準備制度理事会に対して、証券業務に「主として」従事しない証券子会社を設立したいという申請をおこなった。その後、多くの銀行持株会社が同様の申請をおこなった。そして、連邦準備制度理事会は、87年4月から5月にかけて、銀行持株会社の証券子会社に対して、いくつかの証券業務への参入を認可した。この証券子会社は「セクション20子会社」とよばれた。

ただし、証券業務からの収入は証券子会社の総収入の5％未満で、それぞれの証券の国内シェアの5％未満とするという前提で認可された。証券業協会は、この認可が「グラス・スティーガル法」違反であるとして裁判所に提訴したが1987年6月に、連邦準備制度理事会の認可が認められた。

1989年には連邦準備制度理事会は、証券業務からの収入は証券子会社の総収入の10％まで緩和した。同年、銀行持株会社の証券子会社に対して、株式の引受け・ディーリングも認可した。また、訴訟になったが認められた。結局、「グラス・スティーガル法」が廃止された。

26　アメリカは敵対的買収をどう防いでいるか

不思議なことに、株主資本主義の本場であるはずのアメリカには、日本でいわれているほど実際につかわれることはないが、敵対的買収を防止するさまざまな方法がある。

あまりつかわれないのは、対抗策には、買収される企業の価値を落として、買収のうまみをなくそうというものが多いからである。

たとえ、敵対的買収であったとしても、合法的に株式が買い占められて、気に入らない株主が乗り込んできたとしても、株主総会の議決にもとづいて取締役会は、利益をあげるために注意深く経営をおこなう善管注意義務と職務への忠実義務があることによる。

ニッポン放送の新株予約権の割り当ても、ポイズンピル（毒薬条項）といって、定款に入れてあれば実行できる。

買収されたら取締役などが多額の退職金をもらってやめ、企業価値を下げて買収の意味をなくするゴールデン・パラシュートとか、買収される前に優良資産を売却しておくとか、おこなわれている。

友好企業や創業者などに合併についての拒否権をあたえたり、議決権を複数もたせることができる種類株の発行もみとめられている。

攻撃の仕方

敵対的買収の仕方として、ドーン・レイド（dawn raid）、暁の急襲というのがある。証券取引所が取引を開始した直後に、買収する相手側企業にまったく内緒で、株式を大量に買い付けて、相手側企業が買い占めに気がついたときには、大量の株の取得が終わっているというものである。あとのまつりである。

電撃的株式公開買い付け(Blitzkreig tender offer)というのは提示価格が非常にいい条件なので、すみやかに完了する公開買い付けのことである。Blitzkreigは、ドイツ語で電撃戦という意味である。

ベア・ハグ(bear hug)というのは、買収されることに反対でも、買収提示条件がいいのでうけざるをえない申し出をいう。熊(ベア)に抱え込まれる(ハグ)という意味である。

ゴッドファーザー・オファー(godfather offer)というのは、買収される企業が、株主代表訴訟をおそれて、拒絶できないような好条件による買収である。

解体買収(bust-up takeover)というのは、LBOによる買収につかった資金を返済するために、買収企業の資産や事業を売り払う買収である。LBOが横行すると、解体買収が増える可能性がある。

不意打ちでTOBによる企業買収をしかけることをサタデー・ナイト・スペシャル(saturday night special)という。週末に公表されることが多いのでこういわれた。1968年に「ウイリアムズ法」で直接・間接に5%以上の株式保有の開示義務がかせられたので姿を消した。

このような企業買収の計画をしめす異常な株の買い占めを企業経営者が監視することをレーダ

ー・アラート(rader alert)、乗っ取り警報という。

ライブドアが直前の取締役会できめて、東証の時間外取引という市場取引で合法的にただちに買い占めをおこなったのは、典型的なドーン・レイドである。

株を買い占めた買収者が買収をやめるかわりに高値で引き取れというのが、グリーンメールである。ライブドアがフジテレビの50％超のＴＯＢに対抗してドーン・レイドという形で35％を取得したのは、典型的なグリーンメールである。

フジテレビは、50％超取得して、ニッポン放送を子会社にするためにＴＯＢをかけたが、ライブドアの35％取得で、それが失敗する可能性が高くなる。そうすれば、フジテレビは、50％超という目標を引き下げないのであれば、ライブドアの言い値で買い取るしかないからである。

フジテレビがＴＯＢ目標を引き下げたこともあって、ライブドアは、50％超取得した。結局、ライブドアは、フジテレビに実質的に高値でニッポン放送株を引き取らせた。ライブドアのねらいどおりになった。

このような敵対的買収には、いくつかの対抗策がある（「バロンズ金融用語辞典」日経ＢＰ社、ほか参照)。それを鮫避け（shark repellent）という。乗っ取り屋という鮫をどのように退治するかというものである。実際にアメリカで実行されていないものもあるが、いくつか特徴的なものと、日本にあてはめたらどうなるかをみてみよう。

ポイズンピル（poison pill）

毒薬条項といわれるもので、ライツ・プラン(rights plan)ともよばれている。買収をうけた企業が買収をおこなっている企業以外の株主だけに引き受けさせる新株予約権を事前にきめておくことである。

アメリカでは、企業は、事前に全株主に特定の株主割当の方法で株式を有利な価格で取得できるライツ（権利）をあたえることを定款でさだめることができる。ライツは、敵対的買収者が一定の議決権を取得するなど、事前にさだめている事態が発生したら発動され、買収者以外の株主が権利を行使して、市場価格よりも有利な条件で議決権付きの株式を取得する。

多数の議決権付きの株式が買収者以外に交付されると、買収者の議決権比率が低下して、敵対的買収がむずかしくなるので、買収を事前に防止することができる。

そのほかにいくつかの方法がある。

敵対的買収が成功したら、多くの優秀な社員が退社するということを事前にあきらかにしておくことは、ピープルピル(people pill)といわれている。

ポイズンプット(poison put)というのは、毒薬償還条項といわれるもので、敵対的買収がおこなわれると、債券保有者が額面で償還される権利を付与する条項である。この条項があると、買収をおこなっても、買収者は、多額の債券の償還をしなければならなくなる。

自殺薬条項(suicide pill)というのは、敵対的買収がおこなわれたら、自社の債務を自社の株式と交換することをさだめるものである。これによって、株式数が増えるので、敵対的買収者は、買収コストがあがる。ただ、買収される企業が倒産することもあるので、このようにいわれる。

マカロニ・ディフェンス(macaroni defense)は、敵対的買収が成立したら、より高い償還価格で強制償還する債券を大量に発行しておくことである。債券価格がゆでたマカロニのようにふくれることから、この名前がついた。

ポイズンピルの導入にあたって重要なことは、ジャスト・セイ・ノー（just say no）とジャスト・セイ・ネバー（just say never）を区別することである。

ジャスト・セイ・ノーというのは、その買収条件ではノーという拒否だけがゆるされるというものである。だから、条件が十分に引き上げられれば、買収を受け入れなければならない。有利な条件であれば、株主にとって利益になるからである。

それに対して、ジャスト・セイ・ネバーだと、どれだけ有利な条件を出されても、拒否するということなので、経営者の地位は安泰であるが、株主の利益にはならない。だから、アメリカでは、ジャスト・セイ・ネバーはゆるされていないといわれている。

フジテレビが3月22日に発表した５００億円の新株発行登録も一種のポイズンピルである。敵対的ＴＯＢをしかけられた場合、全株主に新株を割り当てることで相手側の保有比率を引き下げることができるからである。

日本でポイズンピル導入を検討している矢先に、ニッポン放送がフジテレビに大量の新株予約権を発行することをきめた。当然、東京地裁と高裁が差し止めを決定した。法的手当てがなされていたとしても、事前に特別決議で株主の了解をとっておかなければならないし、ライブドア以外の株主にも付与しなければならないので、フジテレビだけに、70%ちかくまで交付するのはゆるされない。

ホワイトナイト（white knight）

白馬の騎士という意味である。敵対的買収をうけた企業を助ける第三者の企業や個人投資家である。買収されそうな企業に資金を提供したり、株式などを取得する。

以前の日本であれば、うさんくさい人物が仲介に入った。そんなことはやめて、法にもとづいて、堂々と敵対的買収と対抗すればいい。

ニッポン放送をめぐる買収劇が泥沼化すると、結局、ソフトバンク・インベストメントが「ホワイトナイト」としてさっそうと登場した。ライブドアの保有するニッポン放送株をソフトバンク・インベストメントに売却してもらうということになれば、ライブドアは、日本の発展のために、身を引いたということで、世論の批判をあびることはないかもしれない。

やはり「ホワイトナイト」は、同業のインターネット長者企業ということになった。しかも、ニッポン放送からフジテレビ株を借りただけなので、1000億円以上もの現金を用意する必要はなかった。

でもよく考えてみると、あとさき考えずに、無理な資金調達をしてニッポン放送株を強引に買い捲り、メディアをつぶすとかわめいて世の中を混乱させ、結局、ホワイトナイトが出てくるのをまっていたのかということになる。6286円で買った大量の株式を「ホワイトナイト」にいくらなら売るときかれて、1万円といえば、それでも売れる。混乱の収拾のためだからである。

この「ホワイトナイト」は「たまたま」インターネット企業なので、フジ・サンケイ・グループと友好的に提携できる。労せずして、ものすごいグループを手に入れられるので、すさまじいメリットがある。これを日本では「棚（から）ぼた（もち）」という。1万円でも安いものである。プロ野球球団買収劇で後出しじゃんけんといわれたインターネット企業、楽天がちゃっかり仙台に球団をもてたことを思い出す。

ライブドアによるニッポン放送株の、平均取得コストが6286円なので、それが1万円で売却できたとする。発行済み株式の50％、1640万株を売却すれば、1031億円のコストで1640億円獲得したことになる。粗利なんと609億円なり。

ライブドアは、同業のソフトバンク・グループに手柄をたてさせたくなかったし、フジテレビは、ソフトバンクのほうがこわいので、ライブドアからニッポン放送株を買い取った。実質的にまんまと442億円をせしめたライブドア社長は、究極のグリーンメーラーである。

灰色の騎士(gray knight)というのは、どちらかというと敵対的買収者のほうにちかいが、ホワイトナイトよりも高値をつけ、しかし敵対的ではないものである。ソフトバンク・グループはこれにちかいであろう。
第三者がホワイトナイトをよそおって企業買収にかかわり、あとで寝返って敵対的買収者にくらがえすることをレディー・マクベス戦略(lady macbethstrategy)という。

ゴーイング・プライベート（going private）
企業の上場を廃止したり、株式を非公開にしたりすることである。上場廃止は、敵対的買収に対する有効な手段である。株式を買い占める手段がいちじるしくせばまるからである。
ニッポン放送は、フジテレビが完全子会社化することで合意されたのでいずれ上場廃止になる。だが、おそかった。だから、この方法は、買収が成功したあとでは、敵対的買収への対抗としてはあまり意味がない。それがいやなら上場しなけりゃよかったといわれるゆえんである。創業家を追い出すためだったのでしかたがないが。

ゴールデン・パラシュート（golden parachute）
敵対的買収が成功して、役員がクビをきられても、多額の報酬などの支払いがなされることが定款に記載されていれば、買収者は、その支払いをしなければならないので、買収を断念するというものである。

役員報酬は、株主総会の普通決議できめられるといっても、ニッポン放送の現経営陣が法外な報酬をもらってやめることはできない。ゴールデン・パラシュートができるためには、事前に株主の三分の二以上の賛成で定款に明記しておかなければならない。

ただ、やめる社員にある程度の割り増し退職金を支払うことはできるであろう。

敵対的買収の結果、解雇される従業員に通常より多額の退職金が支払われるのが、従業員版ゴールデン・パラシュートであるティン・パラシュート（tin parachute）とよばれるものである。

パックマン・ディフェンス(pac-man defense)

対抗的企業買収のことで、敵対的買収をしかけられた企業が、反対に相手側の企業を買収することである。テレビゲームのパックマンが一定の条件をみたすと、敵をたべてしまうことからきたものである。

ニッポン放送がポニーキャニオンの株をフジテレビに売却した資金、増資によって調達した資金で、ＴＯＢをかけてライブドアの株式を取得すればいい。増資もできる。インターネット企業を買収してメディアとインターネットの融合により企業価値を高めるための買収資金だからである。ライブドアの逆手をとればいいのである。

時価３３０円程度だったときにライブドア株を５００円で買うといえば、ライブドア株の所有者の多くはみな申し込むだろう。リーマン・ブラザーズ証券が、かりにライブドアから新株を受け取ることができる転換社債型新株予約権付き社債を330円程度で株式に転換することをライブドアに請求したとすれば、2億5000万株保有していることになる。

ライブドアの発行済み株式数は8億5000万株となる。リーマンから取得した分だけで30％ちかくなる。ライブドア社長の保有比率は、36・43％から25％程度に下落する。TOBをかけてニッポン放送がライブドア株式の過半数をとることはむずかしいことではない、コストは、2000億円程度である。ライブドアの定期株主総会でニッポン放送の子会社としての業務方針を決定すればいい。

ライブドアの株式25％を保有して、ニッポン放送への議決権を失わせることもありうるが、ただ、ライブドアは、かなりのニッポン放送株を子会社に買わせているので、むずかしいかもしれない。子会社にする方法がいいだろう。

しかし、こういうこともいえる。

ライブドアのような新興企業がM&Aを現金ではなく、株式交換でおこなうことは、両刃の剣である。信用力も担保力もない企業が大きな新興企業を飲み込むために、自社株式の交付と引き換えに資金を調達しようとすると、ものすごい不利な条件を押し付けられる。だから、新興企業がM&Aをやればやるほど、自社の株式が市場に供給される。

株式を受け取った資金提供者は、いつつぶれるかわからない会社の株式など長期に保有することはありえない。少しでももうけが出たらすぐに売って、利益を確保する。だから、ライブドアのような新興企業は、つねに話題をふりまいて株価を引き上げていなければ、倒産してしまう。まさにとまったら倒れる自転車操業である。

ここに最大の弱点がある。だから、ライブドア株の買い占めなどおこなったら、いずれ、ニッポン放送の取締役は、株主代表訴訟の対象となっただろう。

4月18日に、フジテレビは、ライブドアの第三者割当増資440億円を引き受け、12・75%の第二位の株主になることで合意した。フジテレビは、ライブドアに取締役を派遣して監視するという。これが実現すれば、広い意味でフジテレビによるパックマン・ディフェンスということになるであろう。

焦土作戦(scorched earth)

敵対的買収にとって魅力的な会社財産（これをクラウン・ジュエル crown jewel、王冠についている宝石という）を第三者に売却してしまうことである。多くの利益を出している資産や子会社を売却したり、多額の負債を負うことなどがある。

軍隊が撤退する前に、街を焼き払って敵が占領しても意味がないようにする軍事用語である。

ニッポン放送が稼ぎ頭のポニーキャニオン（クラウン・ジュエル）を売却すれば、焦土作戦である。

ニッポン放送がフジテレビ株を5年間貸し出したこともそうだ。取締役会が交代すれば返却を求めることもありうるが、広い意味で焦土作戦である。

ジョーンズタウン防衛作戦(Jonestown defense)というのは、敵対的買収をしかけられた会社が、あたかも自殺行為ともとれるような、過激な防衛策をとることをいう。クラウン・ジュエルの売却もそのひとつである。突如として、多額の負債をかかえることもある。名前は、そこで発生した事件に由来している。

セーフハーバー(safe harbor)

買収される側がわずらわしい政府規制をうける事業を買収することで、買収対象企業の魅力をみずから低下させることである。これによって、安全な港(ハーバー)が用意される。放送局も政府規制をうけているので、本来、買収の魅力があまりないはずである。

取締役任期の分散化(staggered board of directors)

取締役を一度に交代するのではなく、毎年、一部ずつ入れ代えて、株式の過半数を獲得しても、取締役会の過半数をにぎるまでに時間がかかるようにしておくことである。

超過半数条項(supermajority provision)

外部からの買収をみとめるのに必要な議決件数、取締役の選任などに必要な議決件数を過半数から、三分の二や四分の三に引き上げておくことである。

キラー・ビーズ(killer bees)

殺人蜂といわれるが、TOBに抵抗する企業を支援するものである。買収に抵抗する戦術をねる投資銀行が典型的である。

黄金株（golden share）

ヨーロッパにおいて、国有企業の上場後も普通株よりも強い議決権をもっている政府保有株のことをいう。友好的な株主に拒否権をあたえることなどができる。

チェンジ・オブ・コントロール（chang of control）条項

会社の支配権がかわった場合に、事業についての重要な契約が無効になったり、合弁会社の株式を相手側が一定の条件で取得できるようにしておいて、敵対的買収のうまみをなくしておく条項である。事前に開示しておく必要がある。

ほかには

これらの方法がすべて敵対的買収への対抗策として利用されているわけではないが、そのほかに、フジテレビが敵対的買収にそなえて配当を5倍にするときめたように、株価を引き上げることによって、買収をむずかしくすること、
株式分割などをして株価を引き上げ、買収コストを引き上げること、
自社株買いによって市場で買える株式を減らすこと、
合併などをおこなって買収コストを引き上げること、
失敗したが、ニッポン放送がライブドアの株買い占めの違法性を指摘したように、敵対的買収側の違法行為をみつけだしたり、つくり出したりすること、
敵対的買収者と交渉はするが、買収価格を吊り上げて買収を断念させること(リバース・ベア・ハグ　reverse bear-hug)、
敵対的買収との交渉の意図的な引き延ばし（砂袋作戦　sand-back)、
会社を解体してもうけようという敵対的買収者に対するリストラクチャリング、高額配当、自主株買い、既存株主の新株への交換などの資本再編成（recapitalization)、
敵対的買収者の弱点などをつく宣伝、
などがある。

このようにしておこなわれる企業買収の資金や防衛資金のことをウォー・チェスト(war chest)という。

企業価値が市場で過小評価されていたり、ドル箱事業をかかえていたりして、企業買収の対象になりそうな企業のことを眠れる美女(sleeping beauty)という。

シャーク・ウオッチャー(shark watcher)、鮫の監視人というのは、企業買収のうごきを早期に発見する企業で、日本でもこのようなビジネスがこれからさかんになっていくであろう。

ショー・ストッパー(show stopper)というのは、買収をしかけられた企業が議会などに敵対的買収への規制などを働きかけることである。グループをねらわれたフジテレビが、明示的にではないが、ショー・ストッパーの役割を果たし、日本で敵対的買収に対する法規制のうごきがはやまった。

27 アメリカでの敵対的買収の教訓は

1980年代、アメリカでは、敵対的買収が横行し、そこで、ユノカル基準とレブロン基準というルールができあがった。その教訓をふまえて、90年代以降は、敵対的買収は影をひそめ、友好的買収が主流になってきた。

ニッポン放送買収劇のようなものは、20年も前にアメリカでおこったことで、日本は、アメリカに20年もおくれているとテレビでいう評論家がいた。

事実そうだろうが、アメリカがそののち、さんざん苦労してさまざまな基準をつくり、マネーゲームのようなM&Aを排除してきた。どうして、アメリカで過去に否定されたやり方に少なからぬ国民が喝采をおくるのか、理解できない。アメリカと同じ苦労を繰り返す必要はないと思う。その教訓をしっかりと学んで、より経済を発展させるものにしていくように努力したらいいのではなかろうか。(図表12)

ユノカル基準

敵対的買収者が石油会社のユノカルに対して、敵対的買収をしかけた。ユノカルは、株式の過半数を買い占められた場合、株式の29%を敵対的買収者よりも高く買うということと、石油とガス埋蔵量の45%の所有権を株主に配分するという方針を打ち出した。

1985年の判決では、敵対的買収者を、株を買い占めて高値で引き取らせるグリーンメーラーと認定し、その買収の提案は、強圧的であり、しかも価格が高すぎるとして、敵対的買収への対抗策は合理的なものであったとされた。経営者が勝訴した判決である。

ユノカル基準というのは、敵対的買収への対抗策が適法かどうかは、ひとつは、敵対的買収が対象企業の経営や効率性に脅威となるかどうか、もうひとつは、対抗策が脅威との関係で適当かどうかで判断されるというものである。

図表12　アメリカの敵対的買収の判例基準

ユノカル基準（経営者が勝訴したケース）	基準	敵対的買収への対抗策が適法かどうかは、①敵対的買収が対象企業の経営や効率性に脅威となるか、②防衛策が脅威との関係で適当かで判断される。
	経緯	ブーン・ピケンズが石油会社ユノカルにジャンク・ボンドを対価とするなどの2段階買収をしかけた。経営側は対抗策として、株式の過半数が買い占められた場合、①株式の29%を買収者より高額で買う、②石油とガス埋蔵量の45%の所有権を株主に配分するという措置をとった。
	1985年判決	ピケンズをグリーンメーラーとした。買収提案は強圧的で価格が不十分であって、対抗措置が合理的だったと認めた。
レブロン基準（買収者が勝訴したケース）	基準	取締役が会社の売却や支配権の移動をおこなおうとしたときに敵対的な買収をしかけられた場合、売却価格の高低だけが判断基準となる。
	経緯	大型の企業買収を複数手がけた食品会社のペレルマン社長が化粧品のレブロン社に買収提案をおこなった。他のLBO専門家とちがって経営の細部にこだわり、当初は友好的提案をおこなった。その後、対抗策の発動停止を条件に全株式の現金による買収に切り替えた。レブロン社は対抗措置として、ホワイトナイトとの間で違約金条項やクラウンジュエル条項を含む契約を締結した。
	1986年判決	ひとたび会社を現金で売却することを決定した場合は、取締役は対抗策をこうじてはならず、短期的な価値の最大化をめざさなければならない。

レブロン基準

敵対的買収者が化粧品会社のレブロンに敵対的買収をしかけた。レブロンの取締役会は、対抗措置としてホワイトナイトをみつけて買収を依頼した。同時に、レブロンは、ポイズンピルを導入した。しかし、敵対的買収者の売却価格は、ホワイトナイトを上回っていた。

1986年に判決が出て、会社を現金で売却するときめた段階で、取締役会の義務は、会社を防衛することではなく、会社を競売にかけるということに切り替わるので、高い買収価格を提示したほうに売却しなければならないとされた。ここでは、買収側が勝訴したのである。

レブロン基準というのは、取締役会が会社の売却や支配権の移動をおこなおうとしているときに、敵対的買収をしかけられたら、売買価格が高いか低いかだけが唯一の判断材料になるというものである。要は、敵対的買収者であろうと売りたいほうであろうと、高い価格を提示したほうに売れということなのである。

こうして、敵対的買収者の傘下に入ったレブロンは。株式非公開となる過程で多くの負債を抱え込み、1996年に再度株式を公開したが経営状態は改善していない。高く買うほうに売るというだけでなく、経営全体の将来性も加味して売却先をきめるというのが合理的ではなかろうか。

1990年代以降のM&A

マネーゲーム的なM&Aへの反省から、1990年代以降は、企業価値を高めるためのM&A

を推進するという方向に転換してきている。

1993年の映画大手のパラマウント・コミュニケーションズの買収合戦で、友好的なメディア大手のバイアコムと敵対的なテレビショッピング大手のQVCが争った。買収価格は、QVCが高かったにもかかわらず、友好的なバイアコムを選択した。

裁判所によって、パラマウントの導入していたポイズンピルなどの対抗策は、有利な条件を出す買い手を不当に排除する過剰防衛と判断された。ポイズンピルは、買収から防衛するためではなく、買収者をきそわせることで高く買収させる手段であるとされたのである。

この判断によって、バイアコムが買収価格を引き上げたので、結局、バイアコムがパラマウントを買収し、その後、CBSも買収しても有力なメディア企業となった。

ネット企業によるメディア企業買収の事例は、アメリカにもあった。2000年1月にネット接続業者AOLのスティーブ・ケイス会長が大手メディア娯楽企業タイムワーナーを買収すると発表した。AOLは、買収のために1800億ドル分の新株を発行したこともあって、その後、株価は暴落した。しかも、合併による相乗効果を生み出せず、結局は、AOLタイムワーナーという社名からAOLが消えた。

最近では、敵対的買収であっても、企業価値を高めるのであれば、機関投資家などの大株主が、後押しするようになってきたことが特徴である。したがって、敵対的買収者が裁判で争うということもなくなってきている。

マネーゲームとしての敵対的買収はこのましくないが、経営を健全化・効率化し、ビジネスの発展に役立つのであれば、敵対的買収でもいいということなのであろう。日本もこのようなアメリカの教訓を真摯に学びとることが必要である。

ニッポン放送株買収劇もフジ・サンケイ・グループの企業価値が高まるのであれば、いいのであるが、それを判断する大株主としての機関投資家がいないこと、ライブドアがその緻密なプランをまったく提示できないところに混乱の大きな原因のひとつがあった。

1980年代に「野蛮」、「貪欲」といわれたマネーゲーム的なM&Aをライブドアがしかけたところに問題がある。それを面白がってはやし立てたマスコミもマスコミである。

Ⅳ

M&Aによって日本的経営はどのように変容していくか

28 なぜ株式相互持合いをしてきたか

日本で従来、積極的におこなわれた株式の相互持合いは、お互いが発行した株式をうまく交換すれば、実際にはまったく資金を拠出しなくてもよいというものである。それを1社ではなく、数社と放射状におこなえば、株主総会で圧倒的多数の賛同者を獲得することができる。

配当もする必要はない。配当は、お互いに相殺するので、はじめから払わない。配当用利益を企業内部に留保しておけば、企業の財務体質が強化される。経営がうまくいかなくても、経営が再建されるまで、この留保利益を取り崩せば、経営危機から倒産にいたることはない。

また、多くの企業は、乗っ取りから身を守るために、友好企業に株式を保有してもらった。いわゆる安定株主工作である。

乗っ取り防止のため

株を企業が相互に持ち合う株式所有の法人化というのは、戦後おこなわれた財閥解体までさかのぼる。財閥解体で財閥本社や財閥家族が保有していた大量の株式が放出されてから、財閥が企業集団として再編成されるとともに、企業集団内で法人が株式を持ち合うようになった。

それは、企業集団としての結束のためであるとともに、外部からの乗っ取りを防止するためであった。

しかし、株式所有の法人化が本格化したのは、資本の自由化に対する対策としてすすめられた1960年代後半のことであった。日本は、64年にOECDに加盟して以来、資本取引の自由化をすすめてきたが、外国資本による日本の会社の株式が買い占められるおそれが出てきた。

そこで、外国資本による株式の買い占めから身を守るために、発行会社が安定株主工作をおこなって、同じグループ、取引関係あるいは親しい関係にある法人に株式を保有してもらうようになった。

アメリカとちがう高株価経営

そのため、1960年代後半から法人の株式保有比率は急上昇していった。株式保有の法人化がすすむと流通市場で取引される株式が少なくなり、需給のコントロールが可能となる。70年代には、法人が多くの株式を購入したので株価が上昇した。

他方、日本企業の増資は、1970年代にそれまでの株主割当・額面発行から公募・時価発行に移行した。額面で発行されれば、時価との差額が投資家の利益になる。業績のいい企業は、たいてい額面より時価のほうが高いので、株が広く売れる。経済が発展すれば、あまり業績にかかわらず株が売れるので、どんな企業も、株式の時価での発行をおこなうことができる。

とはいえ、この時価発行は、株価の高低がそのまま増資による資金調達額に反映するので、発行会社は、自社の株価を少しでも高くしようとする。そこで、資本の自由化への対策としておこなわれた安定株主工作が時価発行増資のための安定株主工作とつながることで株価を吊り上げる、いわゆる高株価経営がおこなわれるようになった。

株主価値を重視するアメリカ型の高株価経営とちがうところは、配当を増やしたり、株主のための経営をおこなうというのではなく、市場で流通している株式を減らす、すなわち供給を減らして株価を引き上げることにあった。

このように、１９７０年代には、日本企業の時価発行増資が増加したが、80年代に入ると株式がからむ債券発行による資金調達がおこなわれるようになった。これも株価が高ければ高いほど発行会社に有利となるので、ここでもまた高株価経営がおこなわれた。

株式がからむ債券発行による資金調達はエクイティ・ファイナンスとよばれるが、これは、たとえば新株予約権のように、株式にからむ金融商品を発行することである。あらかじめさだめた価格よりも、株価が上がれば、この権利をつかって株を買った人が市場で売却してもうける。だから、株価が高くなっていくのであれば、新株予約権そのものを高く売ることができる。

エクイティ・ファイナンスをおこなえば、それだけ株式の供給が増加し、株価が下落するおそれが出てくる。したがって、発行会社は、さらに安定株主工作をおこなうことになる。

このバランスがとれている間は、株価は高かったが、そのバランスがくずれ、エクイティ・ファイナンスが過大になると株価は下落する。１９９０年初頭からの株価の下落は、こうして生じたといわれている。

相互持合いの経済的意義

日本は、アメリカの経済学から多くのものを学んできた。アメリカ型のように、市場メカニズムの機能する経済がすぐれたものであるという考え方が経済学の主流になっている。その考え方によれば、株式持合いは、市場メカニズムの機能をそこなう前近代的なものであるということになる。

そのアメリカでは、企業もひとつの「金融商品」として売買され、そこから莫大な利益を得ることも可能である。

企業の経営者もいつ買収されるかわからないということであれば、安定した、長期的な展望に立って経営していくことはむずかしい。しかも、証券市場が発展したアメリカでは、小企業が巨大企業を買収したり、買収先の資産を担保にして、資金調達をおこない買収をおこなうようなことも可能である。

また、会社は株主のものである。したがって、株主は、企業業績の長期的な安定よりも配当性向（配当がどれだけできる株であるか）を高めるべきであるということになる。

しかし、日本の企業経営理念は、アメリカとは異なっている。日本では銀行の持株比率が5％に制限されており、また従来は、企業集団を形成する有効な手段である純粋持株会社の設立も禁止されていたので、乗っ取り防止のために企業同士の持合いがおこなわれた。

ドイツでは、銀行の持株制限がゆるいので、銀行が多くの事業法人の株式を直接保有している。M＆Aがアメリカやイギリスに多く、日本やドイツではそれほど活発でなかったのはここに一因がある。また、日本やドイツでは、会社は、株主をふくめた会社構成員と利害関係者（ステーク・ホルダー—stake holder—といわれる）すべてのものであるという意識が強い。だから、会社の長期安定的な存続と、利益の拡大に経営者が専念することができる。

29 株式持合いが話題になった事例は

日本企業は、株式持合いによって、アメリカのように、四半期ごとの業績に一喜一憂して経営するのではなく、長期的な視点に立って、安定した経営をおこなうことができるといわれてきた。

しかし、安定的というのは、逆にいえば、経営者の保身が比較的容易であるし、敵対的買収から会社を守りやすいことでもある。西武王国がつぶれたのは、そのようなことをしつづけてきたからである。また、かつて、この持合いが不合理だとして日本に乗り込んできたグリーンメーラーもいた。

小糸製作所株の買い占め

1989年3月に、アメリカのグリーンメーラーであるピケンズが麻布自動車グループの買い集めた小糸製作所の株式20・2％を取得し、19・2％保有のトヨタをぬいて筆頭株主に躍り出た。ピケンズの建前は、すべての株主にとって、小糸製作所の利益と企業価値を最大化するために株式を購入したというものである。

しかし、その本音は、株式の相互持合いによって、わずか19・2％しか株式を保有していないトヨタが小糸を支配しているのは不当であるということであった。日本企業の株式持合いによる系列支配という閉鎖性を批判することで、日米経済問題まで発展させ、結局は、トヨタに高値で小糸の株を引き取らせようというものであった。

資本自由化にさいして、外資による乗っ取りを回避しようとして本格化した株式持合いをアメリカのグリーンメーラーによってくずされることは、日本の企業経営の根幹にかかわる問題なので、トヨタは、あくまで一株主として行動して、小糸株の高値引き取りを断固拒否した。

しかも、ピケンズ所有の小糸株が麻布自動車からの融資によって購入したものであることがあきらかになり、ピケンズは、小糸製作所の買収を断念せざるをえなくなった。

西武王国はなぜ崩壊したか

コクドは、西武鉄道株の約61％と、西武鉄道株の約４％を保有しているプリンスホテルの１０

0%、西武鉄道株の約6%を保有している西武建設の50%、などを保有していることにして、西武グループ全体を実質的に支配してきた。このコクド株式を事実上100%保有していたのが前会長堤義明氏である。

じつは、このようなグループ支配は、経済学的にはきわめて「合理的」なものである。巨大なグループを、非公開会社コクドを傘下におくことで実効支配できたからである。子会社が非上場であれば、戦前の財閥とおなじようなものであって、創業家である前会長堤氏の支配になんら問題はない。

しかしながら、業務を拡大すべく証券市場で資金調達をするために、上場したら事情は大きく変わってくる。

敵対的買収や乗っ取り防止の究極の方法は、市場で株式を買えないようにしておくことである。だが、それでは、事業規模を拡大することには限界がある。だから、日本企業は、外資などに乗っ取られないように、友好企業やグループ企業、取引銀行などに株式を保有してもらって、株式の相互持合いをすすめてきたのである。

この子会社の株式公開と創業家が財産をびた一文他人にわたしたくないということは、二律背反である。あまり大株主が株式を保有しすぎると上場基準に抵触し、上場廃止になるからである。だから、通常は、友好企業や取引銀行に株式を保有してもらうのであるが、この前会長は、父親から他人を信用するなという教育をうけてきたのでそれは無理であった。

結局は、父親から引き継いだ膨大な財産を保全するために、西武グループを支配してきたコクド前会長堤氏は違法行為をおこない、2005年3月3日、「証券取引法」違反で逮捕された。

2004年6月、西武鉄道株の大株主上位10社の持株比率が88・57％で、上場基準80％を超えていた。そこで、80％以下に引き下げるために、コクドが西武鉄道株を64・83％保有しているにもかかわらず、43・16％と虚偽の記載をした有価証券報告書を提出したからである。

2004年9月には、この事実を内密で是正し、上場廃止をさけるために、コクドが保有する西武鉄道株を大量に市場外で売却した。上場廃止になれば、西武鉄道株が暴落するのはあきらかなのに、その事実を知らせずに売却すれば、株式の購入者に損害をあたえたとしてインサイダー取引で「証券取引法」に違反する。

このように、上場企業をかかえ株式市場で資金調達をおこなっているのに、グループ企業を私物化し、しかも、有価証券報告書に虚偽記載しても、上場基準に抵触しても、インサイダー取引で株の売却先に大損させても、「一流企業」の会長が頭を下げれば、世間がゆるしてくれると思ったという経営者が存在していたこと自体が深刻な問題である。

当然のことながら、損害をうけた企業は損害賠償を求めた。損害をうけた企業が西武に賠償させなければ、自分たちが会社に損害をあたえたとして株主代表訴訟にあい、自腹で会社に賠償しなければならなくなるからである。

かくして、どっかの国の将軍様を思いうかべるが、西武王国で君臨してきた日本版「将軍様」

前会長もつかまった。社員が会社にとっての大事な構成員ではなく、使用人としかみないだけであれば、日本企業にもめずらしくはないが、株主までだまくらかす人は、会社を経営者する資格はないし、経営者失格である。

さしずめ、「奢れる者も久しからず」、である。これを教訓に、日本の企業経営も少しはまともになることが期待される。

この崩壊した西武王国の買収を提案したといわれているのがアメリカの投資銀行ゴールドマン・サックスである。2005年3月24日、ゴールドマンは、コクド保有の西武鉄道株の買い取りとコクドの有利子負債の肩代わりを申し込んだという。これは、西武グループ経営改革委員会の再建策に対抗するものであると思われる。

ゴールドマンが西武王国を本当に再建してくれるのであれば、幸せな企業買収であろうが、強引なリストラクチャリングで表面的に再建し、売り抜けるのであれば、不幸せな企業買収ということになる。

30 コーポレート・ガバナンス（企業統治）をしっかりと

日本企業の株式持合いには多くの批判があり、アメリカからもその是正を求められてきていることも事実である。しかし、ただちに株式持合いをすべて解消すべきだということにはならないであろう。

つきあいだけで保有し、利益の出ない株を売るのも、利益の出ている保有株式の売却で赤字を補填する行動も、それ自体は、企業財務の健全化のためであって、当然であるにしても、そのことによって、日本の経済構造の根幹がゆらいでしまうことにつながれば大問題である。

株式持合いの解消

日本の所有者別持株比率の推移をみれば、事業法人などの比率は、1973年度の27・5％をピークとして低下傾向をしめし、92年度には24・4％となった。

さらに、かつての大銀行によって形成されていた六大企業集団の平均株式持合い比率は、1975年度の21・68％から81年度に25・48％に上昇したのち、89年度に21・64％とそれほど上昇する傾向は認められなかった。

所有者別持株比率で顕著な上昇傾向をみせていたのが投資信託を除く金融機関であった。その比率は、1970年度の30・9%からほぼ一貫して上昇し、88年度には42・5%となった。

しかしながら、平成大不況が深刻化すると、株式の相互持合いの解消は急速にすすんだ。不況下で企業は、配当も多くない株式をおつきあいでもつ余裕がなくなってきたこと、株式を保有している銀行が、株価の下落によって、銀行経営を圧迫されるようになったからである。

さらに、総資産利益率を引き上げて、企業価値を高めていくためには、なるべく資産を減らさなければならない。そうすると、持合い株の保有が阻害要因になったことがあげられる。

高度成長期には、景気が高揚したので、株式を持ち合っても収益の上でまったく問題はなかった。本当にそうだったかどうかはいささか疑問があるが、乗っ取りに気をつかう必要がなければ、長期的展望にたって経営ができる。そのためのコストとして、持合いは合理的なものであった。配当を支払う必要もないし、ほかの株主からも増配しろという要求もないからである。

これが、バブル崩壊による平成大不況で一変した。アメリカの景気がよかったので、輸出が増えて企業の収益性は低いわけではなかったが、バブル期のときの過剰投資、過剰債務、過剰雇用のつけがまわってきて、借金の返済などに追われた。さらに、不況が深刻化するにつれて、消費者物価が下がり、収益も減少していった。

間隙をつかれる

そうするとおつきあいで株を保有していられなくなった。銀行も保有している株価が下落すると、利益が減って、自己資本比率が低下するので、持合い株を放出せざるをえなくなった。こうして、持合い解消株が市場に大量に放出された。

外資による乗っ取りを防止するために巧妙に考え出され、実行されてきた株式相互持合いが解消されることは、論理的には、どんどん外資に乗っ取られることを覚悟しなければならないということである。

だから、事前に乗っ取り防止の対策を立てなければならなかった。アメリカでは、すでに20年前から対抗策がとられてきたからである。もちろん、「商法」改正によって対策を検討してきたが、おそすぎた。

金融ビッグバンでも金融サービスを自由化したのに、投資家・預金者保護の法規制をほとんど整備してこなかった。案の定、金融取引で被害者が続出した。もちろん、投資家の自己責任にきせられるものも多いが、法整備の不十分さによるものも多い。

敵対的買収という乗っ取り事件も、法規制が整備される前におこってしまった。法律の不備でライブドアに合法的に三分の一超のニッポン放送株がひそかに買い占められた。ニッポン放送が対抗策として新株予約権というポイズンピルをつかおうにも、そういう法律がないので裁判所に差し止められてしまった。アメリカではつかえるのに。

とにかく、M&Aと敵対的買収への対抗策に関する法体系が整備されるまで、関連法制を凍結する必要がある。

外資との株式交換によるM&Aの解禁は、２００６年ではなく1年延期されることになった。それだけでは不十分である。本当であれば、ある程度の株式持合いの復活が必要であろうが、いまさらそんなことはできないので、敵対的買収への対抗策をただちに法制化しなければならない。

フジテレビは、乗っ取りにそなえて約50社に同社の株式を新規に、または追加で保有してくれるように要請したという。フジテレビ自体が安定株主工作をすすめ、ライブドアによるフジテレビ本体買収に防御をかためるためであった。これが、時代に逆行するものであるかどうかの評価はむずかしいが、現状ではしかたのないことかもしれない。

そのうえで、これからの日本の企業にとって重要なことは、コーポレート・ガバナンス(corporate governance―企業統治)を企業経営において徹底することである。いままでの日本企業の経営は、株式持合いによる馴れ合い、ぬるま湯につかったようなものだったといわれているからである。

機関投資家の重要な役割

企業がしっかりとした経営をおこなうように監視するコーポレート・ガバナンスをになうのは、アメリカでは機関投資家であり、ドイツでは、企業の取締役や社長の任免権をもつ監査役会に代表を送り込んでいる銀行である。

アメリカでは、機関投資家や金融機関などが社外取締役や社外監査役などを送り込んで企業経営をきびしく監視している。もっとも、ひんぱんに経営者をかえすぎるという問題や、四半期ごとに利益をあげて配当を増やさなければクビになってしまうという「恐怖感」で経営をおこなう弊害もあるといわれているが。

もちろん、短期的な観点で企業経営をおこなっていることはないとは思うが、そのような懸念がまったくないともいえない。

これからは、保険会社、投資信託、年金基金、信託銀行などの機関投資家は、機関投資家としての投資行動をとらなければならない。とくに、会社型投資信託がみとめられたので、機関投資家によるコーポレート・ガバナンスが強化されることが期待される。会社型投資信託というのは、資産運用をおこなう会社の株を買うというものである。運用がうまくいけば利益が配当としてもらえるし、株価も上昇するという投資信託である。

機関投資家の最も重要な役割は、顧客の金融資産をあずかって、それを最大限増殖させることである。従来は、経済が成長し、中長期的には、株価が上昇してきたので、株式の含み益を吐き出せば、顧客に利益を還元することができた。しかし、すでに、株価が一本調子で右上がりに上昇する時代ではなくなってきている。

したがって、これからは、機関投資家は、有能な人材を多く集めて、十分な企業経営分析をおこなったうえで株式投資をしなければならない。株式投資をおこなったあとは、大株主として、当該企業に対する経営に深く関与しなければならない。有能な取締役を送り込むことも必要となるかもしれない。

機関投資家が取締役の多くを送り込むようになると、企業経営もより公正なものとなる可能性が高くなる。株主総会で企業経営をただしたり、無能な経営者の「クビ」をきったり、有能な経営者にすげかえたりできるからである。

株価上昇が見込めないのであれば、少しでも利益をあげて、配当を増やすような経営を要求される。利益が増加すれば株価も上昇する。

金融機関は、厳密には、機関投資家とはいえないが、いままでのように当局の意向をさぐって、その意向にそった業務をやっていればよかったものが、みずからの判断で行動しなければならず、しかも襟をたださなければならなくなってきている。

金融機関内部での規律の強化も必要となっている。要するに、高邁なる経営哲学の確立が必要とされるのである。

31 どうして日本企業が外資に買収されるようになるのか

平成大不況が深刻化するなかで、株式持合いが崩壊してきたが、日本企業同士の株式交換によるM&Aが活発になってきたことが事態を一変させた。アメリカのような高株価経営が積極的に推進されるようになってきたからである。それは、ライブドアにねらわれたフジテレビが対抗策として、配当を5倍に増やして、株価引き上げをおこなったことにあらわれている。

36万株の株式分割

ライブドアは、2000年から04年までにじつに36万株の株式分割をおこなっている。発行済み株式数は、00年1月11日以前には1200株だったものが04年8月20日にはじつに6億6338630株に激増している。

発行済み株式数は、実際には50万倍になっているが、それは、途中で新株予約権の発行や増資をおこなっているからである。2000年1月11日以前に1株をもっていれば、36万株の保有者になったということである。

2000年9月期の株価の最低が140万円、最高が561万である。もし00年9月までに1株を300万円で買ったとする。00年9月以降、3万株に株式分割がおこなわれている。だいたい1株330円くらいなので、4年ちょっとももちつづけているだけで3倍以上の990万円になっている。

1株を2株に株式分割すると株価は半分になる。1株1000万円の株はなかなか買えないが、1000株に株式分割をすると1万円になり、買いやすくなる。株式分割は、あくまで1株の価格を引き下げて買いやすくするためにおこなわれるだけである。しかし、これが高株価経営の手段につかわれている。

株式分割をおこなうと、分割後の株価は、分割前の1・2〜2・1倍程度に上昇するといわれている。それは、分割された新株が発行されるまでだいたい50日くらいかかるが、その間は、分割後の1株しか市場で流通せず、供給不足におちいるからである。ライブドアは、これをフルに利用したのである。

利益が増えているとか、うまく宣伝して名前を売れば、株式分割で買いやすくなっているので、買いが入りやすくなる。殖やした株でまたさまざまな企業を買収すると、相乗効果で利益が増えたようにみえる。そしたら株価がまたあがるので株式分割する。こういう循環を繰り返していく。これが現代版「錬金術」である。ライブドアがつぎからつぎへと企業買収ができたのは、そのおかげである。

ライブドアのようなケースは、日本では、インターネット関連企業などにみられる程度である。しかし、アメリカでは、名だたる大企業も高株価経営によって株価を引き上げ、株式交換によるM&Aをさかんにおこなってきたので、これが外資にも認められると、日本企業が根こそぎ買収されてしまうことも危惧される。

図表13　買収対価別にみた世界のM&A

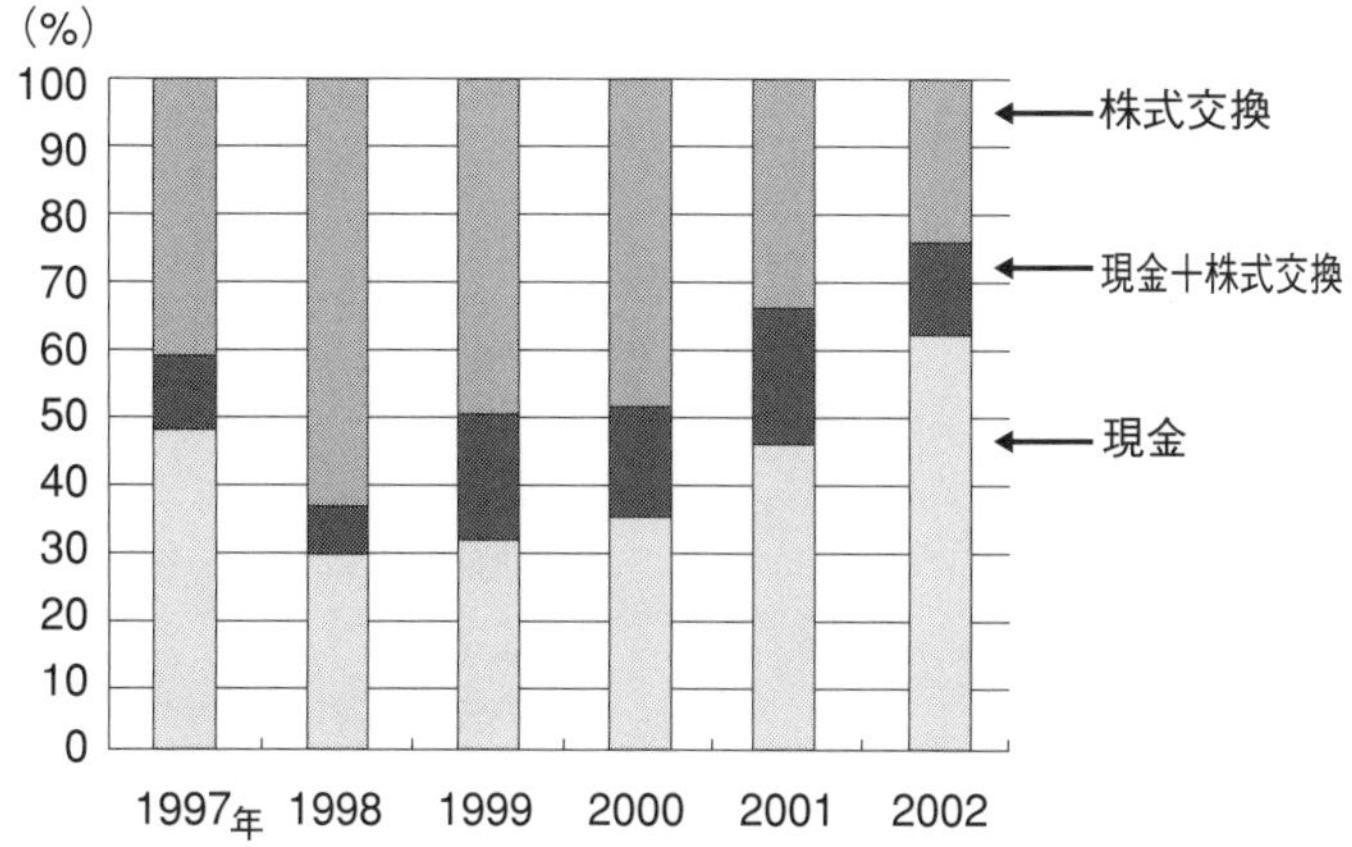

＊1件当たり2億5000万ドル以上の世界のM&Aを集計、金額ベースでの比率。
(出所)トムソンファナンシャル

株式交換によるM＆A

２００７年４月に施行が延期されたが、外国企業が日本企業を買収する場合、買収の「支払い通貨」として、現金のかわりに株式をつかうことが認められる。いわゆる株式交換による合併・買収（Ｍ＆Ａ）が可能になることによって、日本の経済・金融システムが大きく変容していく可能性がある。しかし、世界の大勢は現金によるＭ＆Ａになってきている。（図表13）

外国企業による日本企業の買収が、日本経済を本当に発展させるものであればいいが、そうではない可能性が高い。

１９７０年代以降に進行した円高による為替差損、金融ビッグバン以降のアメリカ金融資本の日本での金融収益の拡大、いままた、日本企業の多くがアメリカ金融資本と企業に買収されて子会社になれば、日本国民は、ついにアメリカの株主のために利益をあげるべく汗水たらして働かなければならなくなる。

そうだとすれば、せめてヨーロッパなみの高賃金・高福祉、長期休暇を実現することすら、これからもできないだろう。

株式交換によるM&Aが認められると、アメリカ金融資本と企業による日本企業の買収がきわめて容易になる。というのは、株式交換による企業の乗っ取りを防ぐには、アメリカ型の株主資本主義を構築し、高株価経営に転換しなければならないが、日本が文字どおりアメリカなみの株主資本主義に移行することはかなりむずかしいからである。

株式交換によるM&Aは、株式が「支払い通貨」の役割を果たすので、株価が上昇すれば、より少ない自社株で買収が可能となる。しかも、買収先の株主に自社の株式をわたすので、買収先の株主にとって受け取る株式がより魅力的でなければならない。したがって、株主利益を重視する経営をしなければならない。

株主利益を重視し、利益と配当を増やし、株価を引き上げれば、より多くの企業を買収できる。そうすれば、経営の拡大や多角化が可能となり、さらに多くの利益をあげることができる。逆に、株主利益を軽視して、株価が低いままだとすぐに買収されてしまう。

高株価経営をおこなっているアメリカ企業の時価総額は、日本よりはるかに大きい。そのため、アメリカ企業が日本企業を株式交換で買収するために、新規株式発行をおこなっても、供給過剰になって、株価が大きく下落することはない。

同じような規模や収益構造をもつ企業でも、時価総額20兆円もあれば2兆円の新規株式発行はたいしたこともないが、2兆円の時価総額しかなければ2兆円の新規株式発行はできない。供給過剰で株価が暴落し、株主に訴えられるからである。

ただし、株式交換にさいして会社・株主段階での課税の繰り延べがみとめられていないので、外国資本による日本企業の買収が激増することはないともいわれている。株式交換は時価でおこなわれるので、簿価より高く評価されればその分がキャピタルゲインとして課税されるからである。

対抗のためフジテレビが増配を発表

フジテレビは、2005年3月15日に開催した取締役会で、ライブドアによる乗っ取りにそなえて、05年3月期の年間配当予想を従来の1200円（1000円から増配していた）から5000円に増額することをきめた。予想通り株価は一時高騰した。

フジテレビの株価がもし23万円のままであれば、配当を株価で割った配当率は、0・52%から2・17%に上昇する。フジテレビが倒産する可能性は低いので、預金金利と比べたらかなり高い。だから、フジテレビ株に買いが殺到して、配当率がもとの0・5%あたりまで下がるとすれば、100万円くらいまで上昇する可能性がある。

そうすれば、ライブドアがフジテレビの株式2・25％を買い増せば、ニッポン放送へのフジテレビの議決権行使を封じ込めるというもくろみがくるう。増配前は145億円くらいでよかったのに、株価上昇して630億円くらい必要になったからである。過半数をとるのに3000億円くらいでよかったものが、1兆3000億円くらい必要になった。いくらライブドアが高株価経営をおこなっても、2000億円程度の時価総額を倍以上にすることはむずかしいだろう。かくして、ライブドアのフジテレビへの敵対的買収はできなかったはずである。

実際に高配当をして敵対的買収から防衛した事例がある。外資系のファンドから敵対的なTOBをしかけられたソトーやユシロ化学工業が、配当を大幅に増やして株価を引き上げたので、外資は買収資金がたりなくなってあきらめたケースである。

しかしながら、フジテレビが配当を大幅に増やすことは、利益が大幅に減少することである。そのことによって経営体力が落ちたら、元も子もなくなるのではなかろうか。ただ、マスコミ関係の企業はおうおうにして、給与水準が高いので、賃下げをすれば十分たえられるかもしれないが。

会社はみんなのものという考え方からすれば

日本のように、会社は、株主だけのものではなく、取締役や従業員、顧客、さらには取引先などみんな（ステーク・ホルダー）のものであるという考え方からすると、アメリカのように、なにがなんでも高株価経営をおこなうということはこのましくない。

たとえば、研究開発費を削ってまで、当面の利益を確保することなどは、いまはいいにしても、ちかい将来の熾烈な競争に負ける可能性が高まるので、ゴーイング・コンサーン（going concern—継続企業）としての株式会社の大原則に反するからである。

アメリカは、比較的簡単に従業員を解雇できるので、人員整理によって、経費を大幅に削減し、利益を増加させると株価は上昇する。これは、従業員にとって悲劇であるが、株主にとっては、きわめて合理的な経営行動である。

それに対して、できるだけ解雇をしないで経営を再建したり、業績をのばすのが、日本的経営の真髄であり、経営者の手腕である。ところが、なりふりかまわず、高株価経営をおこなうのがアメリカ企業なので、相対的に株価が低い日本企業は、アメリカ金融資本と企業にどんどん買収されることになってしまう危険性が高まる。

アメリカのニューヨーク証券取引所上場銘柄の株式時価総額は、GDPを上回る規模である。日本の東京証券取引所上場銘柄の株式時価総額は、GDPのほぼ半分程度である。バブル期には、日本の時価総額もGDPと同じ規模であった。ということは、平成不況を克服した日本の株価は、企業が高株価経営をおこなえば、倍になるということである。相対的に株価水準の低い日本に投資すれば、GDP総額約500兆円の半分、250兆円ももうけられる。

ライブドアがフジテレビにTOBをかけて株を買い占めるといったとたんに、フジテレビは大幅増配を発表し、株価は一時高騰した。フジテレビの株式約20％を保有する外資は、そのときに売り抜けていれば、それだけで数百億円のキャピタルゲインを得たはずである。

三角合併は安全か

とくに、外国企業と日本企業本体との直接的な国際的株式交換が可能になると、外資による日本企業の乗っ取りが横行することが危惧される。

すでに、日本企業同士が株式交換でM&Aをおこなうことは可能となっているが、その場合、双方の株主総会での議決などが必要であるのに対して、アメリカ企業などの場合、買収するための新株の発行が取締役会の決議だけでできるからである。

したがって、この方法は見送られ、三角合併を利用する場合にみとめられることになった。三角合併というのは、企業が外国の企業を買収する場合、買収先国にもうけた特別目的会社（SPC）を受け皿として合併させる方法である。（図表14）

しかし、三角合併は、合併契約を締結して合併先の会社に特別目的会社という子会社を設立させ、この子会社と合併するというものなので敵対的買収にはつかえないのではといわれている。ただ、外国資本がきわめて有利な合併条件を提示してきたら、たとえ敵対的買収でも阻止することはむずかしい。

たとえば、ダイムラー・クライスラーのケースをみると、まず、ダイムラー・ベンツがアメリカに買収を目的とする会社を設立した。この買収を目的とする会社がアメリカのクライスラーを

図表14　アメリカにおける株式を用いた三角合併

特徴：①対価に現金が混じっても課税繰延可
　　　②外国会社の株式を対価とすることも可

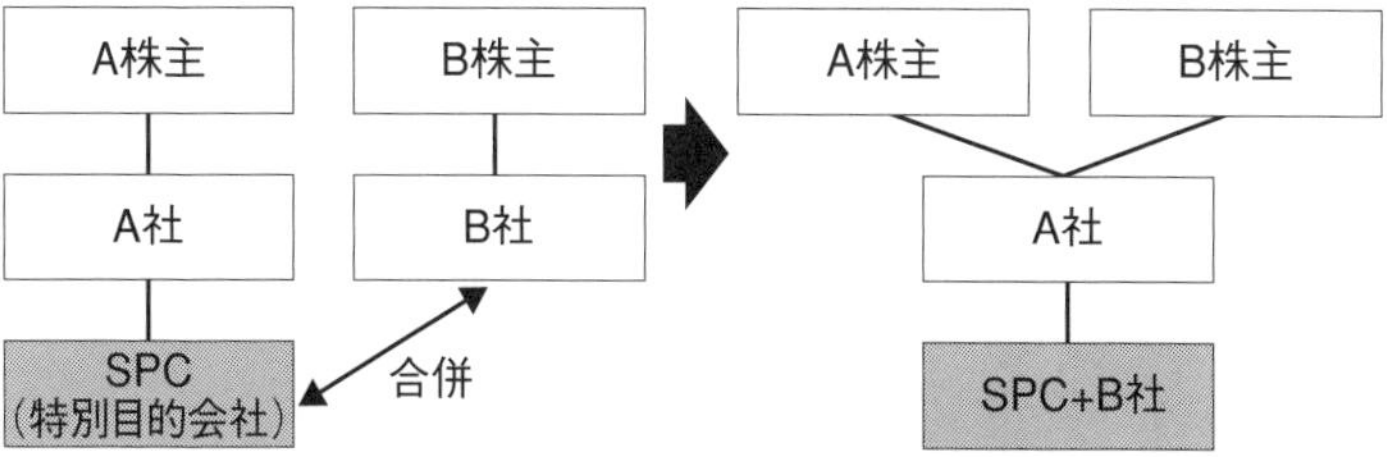

三角合併で存続会社がSPCの場合、B社株主に買収金額の50%以上がA社株式で支払われれば、のこりを現金で支払ってもB社株主は株式で受け取った部分のキャピタル・ゲイン課税を繰り延べられる。

（出所）服部暢達「M&Aマネジメント」東洋経済新報社、2004年

買収するのであるが、クライスラーの株主には、買収対価に見合うだけのニューヨーク証券取引所に上場していたダイムラー・ベンツ株が割り当てられた。

こうして、三角合併が認められたのちに、もしも外資との直接株式交換がみとめられるようなことがあれば、日本企業の多くがアメリカ金融資本や企業に買収されることになる。いずれ破綻をするかもしれない脆弱な基盤に立つとはいえ、しかたなく高株価経営をおこなうか、それを拒否するかの選択がせまられる。後者を選択すれば、相対的に株価の低い日本企業は、その多くが買収の嵐に巻き込まれる危険性が高まるであろう。

ましてや、もし、アメリカがドル高政策を採用したとすれば、ますます安価に日本企業を買収することができる。同一の規模・収益

水準でも時価総額が日本企業の倍であって、１ドル＝１００円から1ドル＝２００円のドル高・円安になったとすれば、アメリカ金融資本と企業は、４倍もの日本企業を買収することができることになる。日本企業の株価の実質的な水準が四分の一になるからである。

もちろん、Ｍ＆Ａが活発におこなわれると、不要な部門や不採算部門を売却したり、必要な部門を買収しやすくなるので、企業経営の活性化におおいに役立つ。したがって、Ｍ＆Ａが活発におこなわれるような株式市場を構築することは、経済の活性化に不可欠という側面もあることは指摘しておかなければならない。

しかしながら、株式交換による企業買収がさかんにおこなわれるようになると、買収するために株価を無理やり引き上げたり、買収されまいとして、粉飾決算まがいのことがおこなわれる可能性が高くなる。したがって、アメリカ型の株主資本主義に移行するのを拒否するとすれば、株式交換によるＭ＆Ａの、ある程度の規制が必要である。

32　ＵＦＪの敵対的買収対抗策はどういうものか

ＵＦＪ銀行を傘下におくＵＦＪホールディングスは、２００４年7月に三菱東京フィナンシャル・グループと経営統合にむけた交渉に入ることになった。

それにともなって、5月にかわしたUFJ信託銀行を住友信託銀行に優先的に売却するという基本合意書を白紙撤回した。

住友信託銀行は、ただちに三菱とUFJの統合交渉の差し止めの仮処分を東京地裁に申請した。地裁は、三菱と統合しようというのに、いまさら住友と交渉してもしかたがないということで差し止めをみとめなかった。もちろんUFJは、契約を破棄したので賠償責任は負うが。

そこで、三井住友銀行を傘下におく三井住友フィナンシャル・グループが、UFJホールディングスに対して統合を申し入れた。三菱東京とUFJが統合すると規模で劣る三井住友が起死回生の提案をおこなったのである。

三井住友は、UFJとの統合にあたって、三菱東京よりも有利な株式交換比率を提示した。株主に有利な条件を提示することで、三菱東京との統合を断念させようという戦術であった、

敵対的買収への対抗策

そこで、もし三井住友にUFJがTOBをしかけられても、三井住友に買収されないような対抗策をとった。

三井住友が2004年9月にUFJホールディングスの株主総会で提案権を得るために必要なUFJ株300株を取得していたからである。発行済み株式の1%以上か300株以上を6カ月

以上保有すれば、株主提案権が得られる。そうすれば、05年3月に権利が生じて、6月の株主総会で三井住友と統合すべきであると提案できる。

三菱東京とUFJは、2004年9月10日に開催した臨時取締役会でそれぞれ資本増強の協定を締結した。それは、9月29日に三菱東京がUFJホールディングス傘下のUFJ銀行が発行する7000億円の議決権のない優先株を一括して引き受けるというものであった。この支援の条件として、優先株にTOBに対抗できるトリガー（trigger—引き金）条項が付けられていた。

優先株というのは、株主総会で議決権がないかわりに、議決権株式より配当が高いという株式である。しかしながら、三菱東京が資本金を払い込む9月29日以降、三菱東京が議決権付き優先株に転換できる権利が付いている。さらに、取締役選任などの重要事項について拒否権があり、TOBなどの敵対的買収がおこなわれたときには、提案権も生ずる契約になっている。

種類株のフル活用

こうして発行された株式は、2002年の改正「商法」で認められた種類株というものである。優先株式を無議決権株式として発行し、一定の事由の発生により議決権のある優先株式に転換できる議決権制限株式である。同時に、強制転換条項付き株式でもある。

UFJ銀行は、定款を変更して、合併・株式交換、純資産の5%以上の財産の処分などの8項目について、UFJ銀行の株主総会または取締役会の決議のほかに、優先株の株主からなる種類株主総会の決議が必要であるとした。これは、種類株主総会の決議を必要とするという定款の規定をつかったものである。

三菱東京が議決権のある優先株式に転換できる条件は、ＵＦＪホールディングス株式の保有比率が三分の一を上回る株主があらわれるか、ＴＯＢにより20％超の比率をもつ投資家があらわれることが確認できた場合、また、三菱東京以外の第三者とＵＦＪの合併がＵＦＪの株主総会で承認された場合である。

三井住友がＵＦＪ銀行に敵対的買収をしかけて、議決権株に転換できる条件がクリアされると、三菱東京のＵＦＪ銀行への議決権比率は34％となる。これによって、三井住友がＵＦＪ銀行の株主総会で三井住友との合併のための特別決議を提出しても三菱東京は否決できる。

さらに、ＵＦＪ銀行の株主総会で三菱東京との統合議案が2回否決されると、ＵＦＪは、三菱東京がもっている７０００億円の優先株を９１００億円で買い戻さなければならないという契約もついている。手切れ金を２１００億円も三菱東京にとられるということになるので、一種のゴールデン・パラシュートであろう。

このように、三菱東京は、ＵＦＪとの統合契約で、第三者から買収提案があった場合の詳細な手続きをさだめていた。

契約では、例外的にＵＦＪと新提案者との協議を認め、その内容を三菱東京に通知することになっていた。それにもとづいて、三菱東京は、対抗策を10日以内に提示できることになっていた。

新提案が有利な場合、それを無視して不利な条件で統合をすすめると、ＵＦＪの株主から訴えられる可能性があるからである。実際、無視しても統合をすすめることができるほどの対抗策が完備していた。

案の定、三井住友は、三菱東京よりも有利な株式交換比率を提示してきたので、三菱東京は、交換比率をＵＦＪ株主に有利なものに引き上げた。売るときめた以上、高い値をつけた買収者に売らなければならないというレブロン基準にもとづくものであろう。

かくして、三菱東京は、三井住友によるＵＦＪ銀行への敵対的買収に対抗策をこうじた上で、統合作業を慎重にすすめた。そのため、三井住友によるＵＦＪ買収はむずかしくなっていった。そこで、三井住友は、２００５年2月に大和証券グループとの提携・経営統合によって、金融コングロマリット（複合企業体）をめざすことになった。

33　乗っ取りと敵対的買収の防止策の検討

ライブドアによるニッポン放送の敵対的買収が失敗したら、日本の市場が信頼されなくなって、外資が日本企業を買収しなくなるといわれたが、そんなことがあるはずがない。しかしながら、従来の「紳士協定」資本主義が崩壊したので、法律の不備をつかれないように、事前に緻密な法規制をしておく必要がある。

「会社法」の改正

２００６年の改正「商法」で「会社法」もかわる。有限会社が廃止される。ただし、取締役は、１人でいいなど従来の有限会社と同じ機関構成がとれるようになり、株式会社が設立しやすくなる。合同会社（limited-liability Company—LLC）が導入される。ＬＬＣは、組合的な規律によって「社員」みずからが業務執行をおこない、「社員」の責任は有限であるというあたらしい会社類型である。

特別決議の採択には、株主総会に議決権をもつ過半数の株主が出席して、その三分の二以上の賛成が必要である。これを株主の過半数が参加し、欠席者も含めた総議決権の三分の二以上の賛成が必要な特別決議を取締役解任の条件とすると定款でさだめれば、敵対的買収がやりにくくなる。

種類株を充実することも検討されている。新規発行しかみとめられていないが、発行されている普通株を種類株に転換できるようにすれば、敵対的買収への対抗策としては有効である。種類株のうち、友好的な株主に拒否権をあたえる黄金株は、譲渡制限がつけられていないので、悪用されると大変なことになり、あまり発行できない。黄金株に譲渡制限をつければ、発行しやすくなって、敵対的買収者の議案を株主総会で否決してもらうことができる。

黄金株の導入がみとめられることになった。黄金株に譲渡制限を付けられるようになる。ただし、そのためには、事前に株主総会の特別決議が必要である。

株主総会などの了承を前提に、ポイズンピル制度の充実が求められている。ある株主が発行済み株式数の一定比率を買い占めた場合、その議決権がなくなる種類株の発行や買収者の新株予約権を消滅させるとともに、買収者以外の株主に自動的に株式を発行して引き受けさせる新株予約権もみとめられるであろう。

強制転換条項付き社債も検討されている。これは、友好株主に保有してもらい、社債所有者の意思に関係なく取締役会の判断で強制的に株と交換し、敵対的買収者の比率を下げる効果がある。発行済みの普通株式をポイズンピル入りの議決権制限付き株式に一挙に転換することがみとめられることになった。

このような対抗策を用意しておかなければ、株式交換によって、日本企業が根こそぎ外資に安く買い捲られる可能性があるからである。しかし、このような対抗策は、企業の経営者の支配のために悪用されたり、株式市場をゆがめたりすることも多いので、慎重に適用されなければならない。

２００６年の改正「商法」のうち、株式交換によるM&Aは、準備期間をもうける必要があるということで、1年延期されることになった。

「証券取引法」の改正

時間外取引のうち、経営権の取得をめざした大量取得が「市場を通さない相対取引に類似する取引」と位置付けられ、三分の一を超える議決権の取得がTOB規制の対象となる。

ただし、立会外取引全体を規制してしまうと、大規模な売買を価格の乱高下なく、スムースに取引するという機能がそがれてしまう可能性がある。企業が自社株を購入する場合や機関投資家が複数銘柄をまとめて売買するバスケット取引など、企業の支配権に直接影響しない取引はみとめられる見込みである。

要は、株の買い占めに悪用されることがわかっても、規制せずに放置し、悪用されてから脱法行為だと騒いでもしかたがないということである。

取引所や規制当局の「怠慢」が、ライブドア社長をして、企業の古い体質にくさびをうちこみ、社会を変革する「英雄」にまつりあげることに手をかし、タダで宣伝する機会をあたえてしまったのである。

「電波法」の改正

外資による放送局への直接的な出資は20％未満に制限されており、制限を超える分については、放送局は、名義の書き換えを拒否できる。しかし、100％子会社の日本法人が放送局の50％超を取得しても問題はない。

リーマン・ブラザーズ証券は、ライブドアにニッポン放送の株を買い占めてもうけさせ、ライブドア株を高値で売り抜けようというのが直接的動機で、外資による放送局の支配ということはなかったようであるが、これからは、外資に間接的に乗っ取られる可能性がある。

「NTT法」では、NTT持株会社について、外資の議決権比率を間接比率も含めて三分の一未満に制限している。

「電波法」もそのように改正されれば、もしライブドアがニッポン放送株を50％買い占め、ライブドア株をリーマン・ブラザーズ証券が80％もったとすれば、リーマンは、ニッポン放送の株式を40％保有したことになる。リーマンがライブドア株の保有比率を引き下げないとすれば、ニッポン放送は、三分の一以上の株式約8％分の名義書き換えを拒否できる。

34　日本的経営をどう変えたらいいか

終身雇用制、年功賃金、企業別組合という、いわゆる日本的経営は、戦後に構築されたものであるが、高度成長期からバブル経済にかけて、きわめて有効に機能した。しかし、これは、コストのかかる経営システムであった。

会社の利益拡大に貢献するかどうかもよくわからない大学の新卒者を大量に採用して、定年までかかえこみ、年齢をかさねるほどに給料を増やすというものだからである。会社にとって、これだけのコストを払っても、会社に忠誠心をもって働いてくれるということが大事だったのである。

日本的経営のなにが問題か

この経営システムが成り立つ前提は、経済全体がダイナミックに成長し、企業の収益がきわめて高いということである。すなわち、高度成長期やバブル経済期にのみ成り立つにすぎないのである。だから、日本は、高度成長が終わると必死にバブル経済のような経済成長を追求したのである。

この経営システムをバブル経済が崩壊してからも、平成大不況におちいっても維持しようとしたこと自体が無理だったのである。

もちろん、平成大不況といっても1997年のアジア通貨危機までは企業の収益性も低くなかったが、その利益を過剰債務や過剰雇用の補填にあてたので、企業経営は、にっちもさっちもいかなくなってしまった。金融機関や企業は、生首を簡単にきることはできなかったので、新規採用をひかえたり、出向、希望退職の募集などでなんとかきりぬけてきた。

戦前の日本では、大卒初任給と大企業社長との所得格差は約100倍あったといわれているが、これが戦後になると手取りだと10倍以下になったという。金融機関や企業は、規模によって賃金格差はあるが、当該会社のなかでは年齢がちかければ、さほど大きな格差はなかった。会社は「運命共同体」であったので、社員一丸となって利益追求をおこなった。

日本的経営によって、従業員の会社への忠誠心は高まり、会社のためならば違法行為も辞さなかったし、刑務所にいってもしかたがないという風潮すらうまれた。実際に刑務所に入った従業員もいた。会社の不正を墓場までもっていくとして命すら絶つ従業員もいた。会社のために犠牲になった従業員の家族を会社が生涯面倒みることも少なくない。

この日本的経営は、平成大不況で諸悪の根源にされている。

ある経営危機におちいった自動車企業は、ベルギーの工場閉鎖でコストカッターと異名をとり、ベルギー政府から糾弾されたフランス自動車会社からきた人物を社長にすえ、工場閉鎖、首切り、下請けの切り捨て、部品会社へのすさまじいコスト削減要求をおこなって、あっという間に経営再建を成し遂げてしまった。この経営者は、名経営者として称賛の的になった。

また、ある大銀行が経営破綻におちいると巨額の国民の税金を投入して健全銀行にして、「ハゲタカファンド」といわれるアメリカ金融資本に売却された。雇われ日本社長はストック・オプションをうけ、資金回収のために企業をどんどんつぶした。「血税」を数兆円出させて、アメリカ金融資本は、1兆円ちかい利益を確保した。

このケースでは、政府は、貸し出し先が倒産すると貸付額を簿価で政府が買い取ってくれるというきわめて不利な契約をむすんだ。経営再建よりつぶしたほうが自行のバランスシードがきれいになるなど、銀行経営ではない。もっとも、政府が公的資金投入をけちって貸付先をあまく評価したことが最大の問題ではあるが。

人材の流出

平成大不況下で金融機関から優秀な人材が大量に外資系金融機関に流出した。どんなに会社にもうけさせても、せいぜい1500万円くらいしかもらえなかったからである。外資系金融機関に5000万円出すといわれれば、移ってしまうだろう。

高給に目がくらんで外資に移ったものの、役に立たなければ、すぐに解雇されるので、雇用が比較的安定している日本の金融機関にもどってくるケースも増えてきている。それは、日本企業も成果賃金制を導入するようになってきたからでもある。ストック・オプション制度を導入する企業も増えてきている。

しかしながら、日本的経営を完全に否定して、アメリカ型の経営システムを導入することが日本の将来にとってこのましいことなのかは十分に議論する必要がある。

その点で平成大不況の深化のなかで日本の労働組合もワークシェアリングを提唱するようになってきたことは、アメリカ型ではない経営システムのほうが日本にあっているという観点からすればいいことだろう。

日本的経営とアメリカ型経営の落差か

２００２年４月の改正「商法」では、株主代表訴訟で敗訴しても賠償責任を軽減されるかわりに、役員報酬の総額を営業報告書で開示することが義務付けられた。改正「商法」のもとで開催された03年３月期決算企業の株主総会で役員報酬を開示する企業が増えてきた。

銀行中心から証券市場中心の金融システムへの大転換をはかる金融ビッグバンをすすめていく大前提は、企業が投資家に最大限正確で詳細な情報を開示することである。その点で、従来あまり開示されることのなかった役員報酬の実態があきらかにされたことは、ビッグバンの遂行上で大きな前進である。

開示された企業のうちアメリカ型経営を推進しているソニーの１人当たり役員報酬（総額を人数で単純に割ったもの）は５６６９万円と、１０００万円台から２０００万台が中心の日本企業のなかでも突出していた。会社の所有者である株主に経営を委任された取締役が、収益をあげれば役員報酬が多くなるのは当然のことであろう。

日本で初めての役員報酬の開示で興味深いのは、自動車会社であるトヨタと日産の役員報酬に、日本的経営とアメリカ型経営のちがいが明確にあらわれているのではないかと思われることである。

トヨタの役員報酬総額は１２億２８００万円で、日産の13億１５００万円より少ないばかりか、トヨタ（取締役58人）は１人当たり２１１７万円であるのに対して、日産（同９人）は１人当たり１億４６１１万円となる。

役員報酬の個別的な開示がなされていないので軽率にはいえないが、日産には親会社のルノーから派遣された取締役が4人いたので、この4人の役員報酬が多く、日本人の取締役は日本企業なみかもしれない。それでも、超優良・高収益企業であるトヨタは、あらたに外国人役員を3名登用することになったが、役員報酬で日本人と区別はしないといっていた。

他方で日産は、1999年に役員30人に1株554円で株式を購入できるストック・オプションを付与していた。1000円をこえた株価水準でストック・オプションを行使すれば社長は6億円前後の利益が入るという。その後、2000人弱の管理職にもストック・オプションが付与されており、業績向上のために一丸となってがんばり、日産がさらに国際競争力を強化すれば日本経済の活性化に大いに役立つことにはなるのだが。

とはいえ、日産の親会社があるフランスでも「首切りによる経営再建で株価を上昇させ、ストック・オプション行使で経営者が膨大な利益を得る」ことに批判の声があるのも事実である。もちろん、ルノーから派遣された経営陣が深刻な経営危機におちいっていた日産を「サバイバルプラン」を断行することで見事に復活させたのであるから、それ相応の報酬があってしかるべきかもしれない。そう思えば、アメリカの水準とくらべれば、報酬は1桁少ないかもしれない。

経営危機におちいった企業の再建には、かなりの経営能力と決断力が必要とされる。有能な経営者に再建してもらうのであれば、その報酬は高額のものにならざるをえない。そうしなければきてくれないし、会社が倒産してしまうからである。外国の経営者に企業再建をお願いし、高額の成功報酬を支払ったとしても、日本経済再生料だと思えば安いものかもしれない。

問題は、経営が軌道にのった段階でどうするかである。企業経営の最大の目標は、利益をあげて企業を存続させることである。日本では、従業員も広い意味で会社の所有者なので、従業員が大事にされなければならない。競争が激しくて従業員の給与はあまり増やせないのに、役員だけ高額の報酬を得るのは日本的経営にはなじまないのではなかろうか。

トヨタ会長の至言「首切りをしない健全経営こそ日本的経営」、われわれはこの言葉を肝に銘ずるべきであろう。

会社はみんなのもの

ニッポン放送株をめぐる攻防は、会社というのは、いったい誰のものかということを人びとに深く考えさせたという点で、いい機会になった。

会社は株主のものであるから、株主価値を最大にするために取締役は経営しなければならないということは、非常にわかりやすい。このアメリカ型の考え方がある程度、日本に普及していくであろう。このアメリカ的経営のすべてを否定することはむずかしいからである。

とはいえ、会社は株主のものであるというのは、株式会社制度の大原則ではあるが、取締役と従業員が一丸となって、会社は繁栄していく。株式会社は、株式の発行によって調達した資金で設備投資をおこない、借入金で原材料を仕入れ、従業員を雇う。資金を提供した株主は株主総会を開いて、会社の業務方針を議決し、日常業務を指揮・監督する取締役を選任する。

株主に、設備投資資金を投入してもらった株式会社を拡大・繁栄させていく主体は、取締役と従業員である。高株価経営で企業が大きくなるのも、本来は、取締役と従業員が一丸となって業務にはげむからである。

株主がおこなうことは、株式会社が長期・安定的に発展していくために、会社を統治（ガバナンス）することである。その点で、アメリカの機関投資家などが「ものをいう株主」として、会社経営に口出しすることは、いいかげんな経営をゆるさないというかぎりでは、企業経営にとっては、このましいことである。

したがって、会社は株主のものだから、株式の過半数を獲得した「株主のために働け、配当を多くするために利益を上げろ」だけでは、従業員はやる気をなくすだろう。

日本的経営は、グローバル・スタンダードからかけはなれた前近代的な経営システムだといわれることが多いが、従業員が一丸となって働くことがどうしていけないのだろうか。

もちろん、低成長時代に入って、いままでのような経営はできなくなってきており、年功序列型賃金から成功報酬制度に移行しつつあるが、アメリカのような極端な能力主義でいくと、貧富の差が広がりすぎるし、企業が長期・安定的に発展していくのはむずかしいであろう。結果として、経済の活力が失われていく。

これからの企業経営は

1994年には企業部門が、ついに資金余剰部門となった。これは、経済全体としてみれば、企業は、自前で資金需要をまかなうことができるようになったということをしめしている。

余裕資金を運用するのは、利潤追求を目的とする株式会社であれば当然のことであるが、それでも、専門の投資顧問や金融機関にまかせたほうがいい。低コストで資金を調達できるからといって、不要不急の資金を調達して、それを運用してサヤをかせぐような財務行動をおこなうべきではない。バブル崩壊でこりたように、結局、高いものについてしまうからである。

デリバティブなどに手を出して大やけどをすることもある。

経営者は、会社の所有者である株主の委託をうけて経営をおこなうのであるから、経営に問題があったら、株主総会で徹底して説明し、理解してもらうべきである。欧米では、そのような場合、十数時間におよぶ株主総会を開催することもそれほど珍しいことではない。そこまでやらなければならないのである。

株主とそれくらい渡り合えないようでは、社長の資格はないので、ただちにお引き取り願わなければならない。

総会屋への資金提供は、日本企業の体質そのものであったろう。「個人ぐるみ」、「組織ぐるみ」とわけのわからないことをいって結局は、会社ぐるみでおこなってきたのである。サラリーマンである以上、誰も拒否できなかったのかもしれないが、そういう経済システムを根本的に変革しなければならない。

平成大不況の克服過程と終息後の日本の企業経営に最も必要とされるのは、高潔なる企業倫理と高邁なる経済哲学である。

企業倫理の徹底を

資本主義の大原則は、企業が事業活動によってより多くの利益をあげるということにある。だから、利益が出ない分野や利潤追求になじまない分野は、公的機関や公的企業がになうのである。なんでもかんでも、民営化すればいいというものでもない。

企業が事業活動をおこなうにあたって、不正がおこなわれないように、さまざまな規制がかせられている。利益追求にあたって、社会的にみてこのましくないことがおこなわれたり、法をおかしたりする可能性がけっして低くないからである。

法をおかしたら罰をうけるからさほど問題がないのでは、という意見もあるかもしれない。しかし、そうはいかない。それが人間の健康や生命にかかわることであれば、いくら罰せられても健康を完全に回復することはむずかしいこともあるし、失われた生命は絶対にかえってこないからである。したがって、そのような企業犯罪や企業倫理に反するような行動を、未然に防ぐようなシステムを構築しなければならないのである。

贈収賄など法にふれる企業犯罪は、いままでも数え切れないくらいあった。この間、法をお

かしても利潤追求をおこなって、人間の健康だけでなく生命をも奪うケースが増えてきているこ
とが深刻な問題として提起されている。

もちろん、有害物資の垂れ流しで健康被害をあたえるのは、資本主義の成立以来、頻繁におこってきたが、公害反対運動などでかなり減少してきている。

しかし、血液製剤事件は、利潤追求企業の倫理が鋭く問われる事件であった。薬害エイズに感染するおそれがあったのに、在庫を売り尽くすまで知らんぷりをきめこんだ。在庫処分すると企業が損をするからである。国家もその在庫処分に荷担した。国家と企業がグルになって企業収益追求をおこなったのでは、国家の存在意義がない。

ある乳製品会社は、製造過程で問題があったのにそれを放置して、多くの人びとが健康被害をうけた。その子会社が今度は、ＢＳＥ問題に便乗して、売れない国産牛を輸入牛と改ざんして国家に買い取らせた。

政府は、ＥＵからＢＳＥ感染のおそれがあると警告されていたにもかかわらず、感染源とされる肉骨粉を肉牛にあたえるのを禁止しなかった。この子会社は、さすがに廃業に追い込まれたが、食肉表示などの改ざんがあちこちでおこなわれていることが発覚した。

これはもはや企業倫理以前の問題である。

銀行がめちゃくちゃなことをやっても税金を投入することですむが、人間が口に入れるものや、健康に関連する業務をおこなっている企業に対しては、生命・健康を守らせる徹底的な法規制が

絶対不可欠である。そして、不正表示をしただけでも営業を禁止して、会社を清算させるくらいのことが必要である。

国家が少しでも国民の生命・健康を害するおそれがあると判断した場合に、対策措置をただちにとらなければ、担当者をふくめて厳罰に処す必要がある。因果関係がはっきりしないから禁止措置がとれない、などということはとんでもないことである。生命が失われたり、健康を害したら賠償金ではすまないからである。

現代資本主義も資本主義であるから、企業の利潤追求機会を奪うような規制は最大限撤廃しなければならない。自由な競争によって、経済が効率化し、国民も多大な恩恵をうけるからである。そうしなれば、かつて地球上に存在した「社会主義国」のようになってしまう。

しかしながら、企業が法律遵守を徹底することはもちろんのこと、国民がたんに物的に豊かになるということだけではなく、健康で文化的な最大限の生活をおくることが可能となるように行動しなければならない。

日本は、よりよいものを、より安くというものづくりの伝統を引き継がなければならない。したがって、製造業企業は本業に専念したほうがいい。

35　マネーゲームを排して豊かな世界を

お金をころがして、膨大な金融収益をふところに入れ、「金があればなんでもできる」という風潮が一番こわい。

その他大勢の人びとが、安い給料で働き、つましい生活しているのに、中小企業者が油まみれになっていいものつくっているのに、社会の「成功者」であるネット長者という成金たちが六本木ヒルズに住んで、その多くがマネーゲームに興じている世の中はまちがっている。

ＩＴ革命によりネット社会に移行するのは、歴史的必然である。しかし、若い人がマネーゲームにあこがれるようになってはいけない。額に汗して、ものづくりにはげみ、懸命に働くという美風がそこなわれるからである。

したがって、経済の活性化を阻害したり、地道に働くことがいやになるようなマネーゲームを徹底的に規制しなければならない。

アメリカはマネーゲームＭ＆Ａを排除

たしかに、アメリカでは、１９８０年代にマネーゲームＭ＆Ａが横行した。

たいしたビジネスモデルもないくせに、「クズ債」といわれるジャンク・ボンドを発行して、小さな企業が巨大な企業を買収するとか、人のお金で会社を買収するとか、買収する前から買収相手の会社の資産を担保にしてお金を借りて買収するとかが流行した。

本当に会社経営にはげむのであれば、幸せな企業買収であって、経済の活性化に役立つが、だいたいは、強引に買収会社をリストラクチャリングして、株価をあげて売っぱらうことが多かった。その主流は、不幸せな企業買収であった。

どうしてこのようになったかというと、戦後のアメリカ経済が製造業で完全に国際競争力を失ったからである。

ものづくり企業の多くは、多国籍企業という世界企業に転化した。だから、アメリカ企業が製造業で世界的におとるということはない。アメリカ金融資本も多国籍化した。しかし、多国籍企業というのは、無国籍企業であって、その利益は、世界中に投資される。だから、国際的な投機や資金の流れが膨大なものとなった理由のひとつがここにある。

ところが、アメリカから名だたる企業が逃げ出したので国内にのこったのは、輸出できない土地に依存する農業、国際競争力を失った製造業、映画・音楽くらいのものであった。だが、国家プロジェクトとしての軍事産業は、純粋に国内産業として育成された。その質が高まれば高まるほど、軍事機密を外国に出せないからである。膨大な国家予算を投入しておこなわれた軍事・技術開発は、世界最高水準となった。

こうして、巨大な需要のある消費財を提供できなかったアメリカは、最先端の軍事技術開発の成果と金融業をむすびつけ、金融資本が金融収益の獲得にしのぎを削った。ものづくりに専念してきた日本やヨーロッパ大陸諸国で、このようなマネーゲームがあまりおこなわれなかったことは、そのためである。

そのアメリカでも、「会社ころがし」・不幸せ企業買収で金をもうけるのは、あまりにも弊害が大きいので、やめようということになってきた。会社では、通常は、生身の人間が働いているからであろう。(図表15)

「金さえあれば株は買えるのだから、株主は誰も選べない、それがいやなら上場するな」というのは、一見、もっともらしいが、アメリカでは、いまでは、会社は、ある程度株主を選ぶ権利をもっている。会社の発展のためであればまだいいが、株主の金もうけの都合で簡単にクビをきられたり、会社が売られたり、会社がつぶされたりしてはたまらないからである。

だから、アメリカでは、現在では、株主総会の了承を得て、敵対的買収への対抗策が完備している。そのため、会社を「金融商品」として売買しもうけるマネーゲームM&Aは少なくなってきている。ただし、敵対的買収であっても、会社価値が高まり、経済の発展に寄与するのであれば、株主は、経営者に対して交渉をおこなうようにすすめるようになってきている。幸せな企業買収であれば、拒否するのはおかしいからである。

もちろん、株主資本主義の本場なので、本来のマネーゲームは、ますますさかんになってきている。ただ、血のかよった人間の働いている会社を、金もうけのためだけに「金融商品」として

図表15　M&A法制の整備とM&A件数の推移

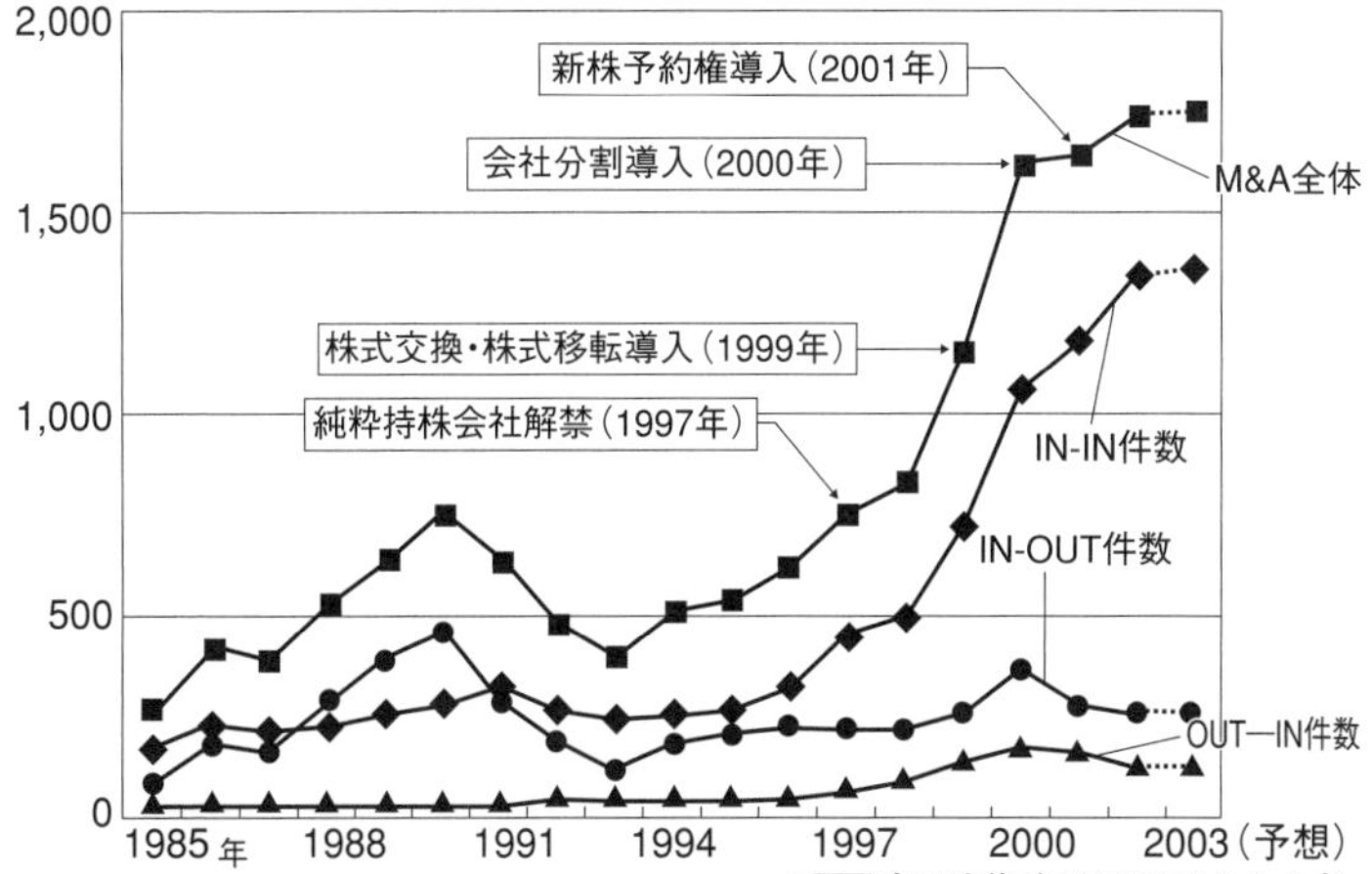

（出所）内閣府

＊□内は法律改正がおこなわれた年。

売買するのはやめようということである。

バブルは日本のマネーゲーム

日本経済において高度成長終了後、ものづくり経済の比重が低下してきたのは事実である。それでも、製造業は、アメリカやヨーロッパに輸出するために、いいものづくりにはげんできた。その半面で、政府は、公共投資をおこなって建設・土建・不動産業に仕事をあたえてきた。金融機関は、がんじがらめの規制によって高収益を確保してきた。

輸出企業が必死になっていいものづくりにはげんできたのに、建設・土建・不動産業と金融業は、きびしい規制のなかで、ぬるま湯につかるような経営をおこなってきた。マスコミや航空会社もそうだが、これら業種の給与体系が製造業よりはるかに高いのは、規制業種だからである。おなじ規制業種である建設・土建・不動産業の給与体系は比較的低いが、それは、公共投資を受注するためのコストが高いからであろう。

　高度成長後もこれら建設・土建・不動産業と金融業という規制業種がもうけていくということは、なかなかむずかしい。

　そこで、１９８０年代後半に土地を「金融商品」とするマネーゲームがおこなわれた。バブル経済はこうしてはじまった。会社をころがすよりはいいかもしれないが、金もうけのために土地をころがすと価値が高騰する。そうすると、サラリーマンがローンを組んでも家を買えなくなる。

　持ち家というのは、私有財産制にもとづく資本主義制度の根幹をなしている。人びとは、他人のものである借家ではなく、自分の家を私有することによって、それをとられたくないし、失いたくないから、資本主義を擁護する。

　その根幹がくずれたという点で、日本のバブル経済は、資本主義存続に危機的状況をもたらすはずであった。しかし、バブルが崩壊し、地価が暴落したので、また人びとは自分の家をもてるようになった。

　ところが、バブルが崩壊してさんざんなめにあったのが、バブルの一方の張本人、銀行であった。土地ころがしに、土地を担保にお金を貸したので、バブルが崩壊すると、担保にとった土地の価格が暴落し、銀行経営は、にっちもさっちもいかなくなった。

　国からの税金投入をあおいで、救援してもらった。銀行は、なけなしの資金を企業に貸すのではなく、史上空前の好景気を謳歌していたアメリカで、相場を動かしてもうけていたヘッジファンドなどに積極的に投資し、生きのびてきた。

ネット長者の登場

そうしたなかで、日本の経済政策の理念が市場経済を重視するアメリカ型に大きく変えられ、金融自由化や規制緩和がすすめられた。日本への貿易赤字が多かったアメリカが、自分たちの金融資本と大企業にもうけさせるために、日本の金融市場をはじめ、市場開放をせまったからである。

その一環としておこなわれた金融ビッグバンは、まさにアメリカ金融資本に日本市場をさらけだすものであった。

同時に、日本においてもインターネットというあたらしいビジネスが普及していった。これをになったのが古い頭をもったおじさんではなく、背広にネクタイというのを拒否し、Tシャツをきた若い経営者たちである。あたらしい産業なのであるからうまく経営すれば、膨大な利益をふところに入れることができる。

こうしたネット長者・成金が六本木ヒルズに集結した。六本木ヒルズに事務所をかまえることは、ネット・ビジネス成功者のステイタス・シンボルとなった。

新興企業なので本業での利益もさることながら、アメリカ型の株主資本主義の手法をつかって、利益を雪だるま式に増やす方法を採用してきた。株式分割と株式交換によるM&Aがそれである。

日本の規制緩和が、このネット・ビジネスと株主資本主義がうまくむすびつくようにすすんだ。おそらく、日本政府とアメリカ金融資本の「暗黙」の了解があったのだろう。

とくに、「外為法」改正により金融ビッグバンが開始されたが、これによって、外資が自由に日本でビジネスができるようになった。ここで、外資との株式交換によるM＆Aができるようになったら、アメリカ金融資本と大企業は、相対的に株価の低い日本で思いどおりのビジネスをおこなって、しこたま金融収益をかせぎだすことだろう。

その場合、アメリカ資本が直接、日本であくどい商売ができるかということである。破綻した長銀の再生でアメリカ金融資本は1兆円ちかい利益をあげて国民にさんざんたたかれた。長銀には、公的資金が5兆円ちかく投入されたからである。

とすれば、アメリカ資本は、企業再生ビジネスとか感謝されながら巨額の利益をあげるようなことは直接おこない、マネーゲームのような批判をあびるようなことは、日本人をつかって間接的に手がけるであろう。

日本でマネーゲームがはじまったか

ライブドアによるニッポン放送株買収劇は、アメリカ金融資本による間接的マネーゲームの第一弾とみることができる。

ライブドアによるニッポン放送株買い占めは、資本のねじれを利用してフジ・サンケイ・グループを支配するという動機でおこなわれたのかもしれない。世界最大のメディア・インターネット・グループをつくろうとしてはじめられたのかもしれない。その評価は、後世の歴史家の判断にゆだねなければならない。

しかしながら、一連のうごきをみているとそうともいえないように思われる。うしろにアメリカ金融資本がひかえていて、資金的な全面的バックアップで行動したからである。アメリカ金融資本は、ころんでもただではおきないほど、金もうけにはきびしい。

ニッポン放送株の過半数取得のめどがついたとたんに、ライブドアがフジテレビの買収を宣言したとの観測情報が報道された。みな、やはりと思った。ニッポン放送株買い占め発表の記者会見で、フジテレビをねらっているような失言を「わざと」していたからである。

しかし、ライブドア社長は、一言もフジテレビを買収するとはいわなかった。ニッポン放送はともかく、フジテレビの買収には、膨大なお金がかかる。資金の根拠を出さなければ、人びとは信用しない。そこでLBOということを出したのである。要するに、この一連のうごきは、まさに株式市場用語でいう「仕手戦」である。

「仕手戦」というのは、株を買い占めておいて、株価を吊り上げて、下落する前に高値で売り抜けてもうけるというものである。

フジテレビは、ニッポン放送株買収劇の途中に、自分たちが買収されないように株価を引きあげるために、配当を大幅に増やした。案の定、フジテレビの株価は、暴騰した。乗っ取られたら困るので、配当を増やすだろうという思惑から、ほかの放送局の株価も上昇した。

ただ、ライブドアは、フジテレビの株を数％くらいしかもっていなかったようである。「仕手戦」は、市場で買える浮動株が少ないとか、利益の変動が激しいとかの場合に成功するので、本来は、むずかしい。だから、ニッポン放送株買収劇という壮大な舞台を用意して、フジテレビに「仕手戦」をしかけたのであろう。

フジテレビの株式を20％保有しているのが外資である。フジテレビに増配させたあとに、ライブドアは、公式にはいわずに、わざとマスコミにフジテレビ買収をいわせた。そのとたんに、6000億円弱の時価総額が8000億円に増加した。その五分の一をもっている外資は、たった数日で400億円の潜在的もうけなり。「仕手戦」なので外資は、状況をみて高値で売り抜けたのだろうか。

そして、ソフトバンク・グループの参入でシナリオが完全にくるったが、つぎのステップとして、ライブドアは、フジテレビ買収にとりかかったはずである。そのシナリオはどういうものだったか、私なりに描いてみよう。

ライブドアはフジテレビを買収できたか

ライブドアによるフジテレビの買収はある程度可能であった。フジテレビの株主構造が乗っ取りにあいやすいようになっているからである。

ニッポン放送は、フジテレビ株の22・51%をもっている。だが、フジテレビがニッポン放送株25%以上もっているので議決権を行使できない。だから、ライブドアがニッポン放送を支配したら外資に第三者割当増資をして、フジテレビの保有比率を25%未満にすれば、議決権は復活する。集めた資金の使い道をきちっとすれば、いくらでも増資できる。要は、訴訟になっても、経済のことをあまりわからない裁判官さえいいくるめられればいいだけのことである。

外資は、さきの「仕手戦」でフジテレビの株価が高値をつけたと判断したら保有している20%をライブドアに売却しただろう。

ほかに、名義書き換えをしてもらえなかったフジテレビ株もかなりあるはずである。これを失念株というが、もし、7・5%以上あったとすれば、あっというまにライブドアによるフジテレビ買収が成功したはずである。もちろん、27・5%くらいで、三分の一超ではないので、TOBをかける必要はない。法改正がなされる前に、東証の時間外取引で買えばいい。

ライブドアによるニッポン放送株買い占めがそこまでのシナリオによって展開されたとすれば、それは、ライブドア社長ごときには、とうてい描けるものではない。世界の金融市場でさまざまな金融ビジネスをおこない、すさまじいノウハウがあり、法の網をかいくぐって商売するので辣腕弁護士をやまほどかかえるアメリカ金融資本でなければできる芸当ではない。

ヨーロッパは、アメリカ金融資本への抵抗力があるので、こんなことでもうけさせるようなことはしない。

対する日本は、金融ビッグバンでその弱みをさらけ出してしまった。「低株価経営」をおこなってきたので、株価もべらぼうに低い。ちょっとしかければ、天文学的金融収益も不可能ではない。長銀再編がその第一弾。ニッポン放送株とフジテレビ株買収劇が第二弾となるはずであった。アメリカ金融資本からみれば、日本は、宝の山である。

アメリカ金融資本のお家芸？

フジテレビがいくら対抗策として増資してもあまり効果がなかっただろう。フジテレビ株の時価総額を6500億円とすれば、27・5％を買うのに必要な資金は1800億円程度である。TOBをかけてほとんど買うにしてもニッポン放送所有の1500億円分を差し引いて、たかだか5000億円程度である。

3月22日にきめた500億円分の新株発行登録は、株数や価格がきめられていない。安く発行すれば株数が増えるので、ライブドアの比率は下がるが、法的にむずかしいであろう。供給が激増して株価が暴落し、既存株主に大損害をあたえる可能性が高いからである。

また、フジテレビが対抗策として、第三者割当増資をするにしても調達資金の使途をそうとう綿密なものにしなければならない。

もし、現状のままライブドアが3000億円分の株式を獲得したとすれば、議決権比率は、ニッポン放送保有株を含めてじつに三分の二超になった。フジテレビの資本構成からすれば、買収価格はともかく、絶対に不可能というものではない。これを50%以下にするには、新株発行登録を別にして、2500億円の増資、拒否権を排除する三分の一以下に下げるには、フジテレビは、なんと7000億円の増資をしなければならなかった。

敵対的買収に対抗するために株価を引き上げるのもよしあしである。というのは、アメリカ金融資本には、ほぼ確実にもうけられるとなれば、1兆円や2兆円などあっという間に集まるからである。だからこわいのである。まさに、フジ・サンケイ・グループの資産が担保となる。これをLBOという。

どうやってもうけるか。フジ・サンケイ・グループ企業の給与体系は、世間の1・5倍はあるといわれている。これを世間なみにすれば、すさまじい利益が出る。成功報酬制度を導入すれば、不要部門や不採算部門の整理・売却、人材の整理などを徹底的におこなえば、株価はさらに上昇する。

アメリカ金融資本は、買収資金と引き換えに、フジテレビ株を引き取るだろう。おそらく、フジ・サンケイ・グループの経営は、自分たちの指名したプロに実質的にまかせる。ライブドア社長は、いちおう社長に祭り上げられるだろうが、たんなるアメリカ金融資本の代理人なので、実権をもつことはない。

こうして、高株価経営を断行して、さらに株価をあげてアメリカ金融資本は、高値でさっさと売り抜けるだろう。なぜなら、利益を吐き出したり、資産を切り売りしたり、人材を整理したりするので、フジテレビの長期的な経営体質が弱体化していくのはあきらかだからである。

このようなことはあくまで空想であるが、アメリカ金融資本が日本でおこなおうとしているマネーゲームの冷厳なる実態はこんなものである。だから、アメリカでは、敵対的買収は、どちらも消耗するし、経済的にはマイナスなのでやめようということになったのである。結局、この場合、もうけるのはアメリカ金融資本だけである。

ソフトバンク・インベストメントが登場

ライブドアがニッポン放送株の過半数を獲得すれば、いよいよ本丸フジテレビ買収のためにTOBをしかけることは必至であった。こうしたシナリオを考えた上でのことか、それを打ち破るべく2005年3月25日にニッポン放送が所有するフジテレビ株をソフトバンク・インベストメント（SBI）に5年間貸し出すというアイデアが発表された。
ライブドアがフジテレビをねらっていることは、はじめからあきらかであった。
ライブドアがニッポン放送株の過半数を確保できれば、ニッポン放送保有の22・51％のフジテレビ株の議決権を復活させるとともに、フジテレビにTOBをかけて27・5％以上を獲得すれば、ライブドアは、フジテレビを子会社にすることは可能だったからである。ライブドアが外資を味方につければ、20％程度の保有株を譲ってくれるからである。（図表16）
ニッポン放送による新株予約権発行が高裁でも棄却され、フジテレビ買収が現実のものとなり

図表16　フジテレビをめぐる議決権の状況（2005年3月末）

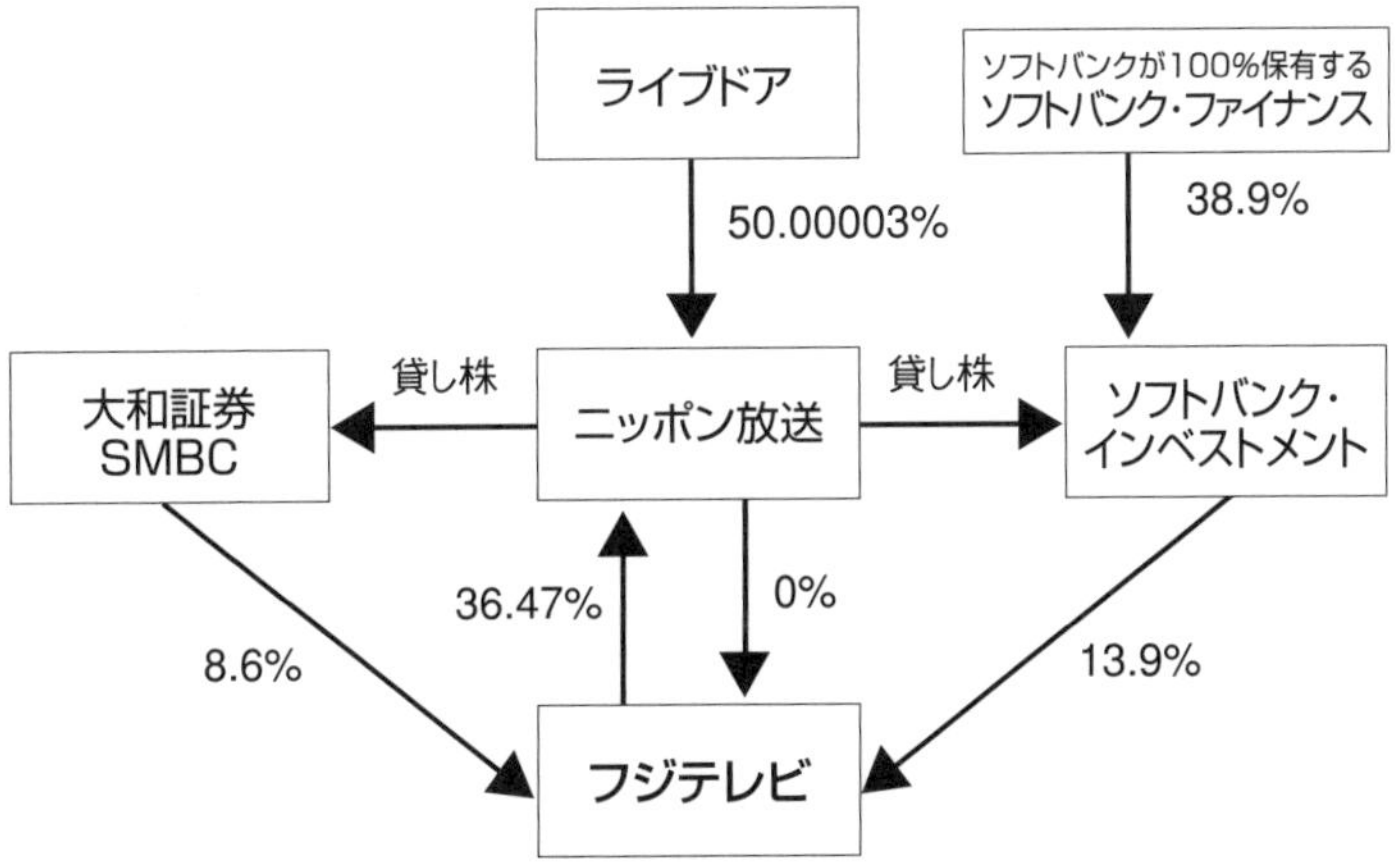

つつあった3月25日に、その野望を打ち砕くような対抗策がソフトバンク・グループのSBIによって突如発表されたのである。

そして、フジテレビ、ニッポン放送、SBIの3社は、メディア・通信分野などの新興企業に投資するベンチャー・キャピタル・ファンドを共同出資で設立することになった。基金の規模は200億円で、フジテレビが160億円、ニッポン放送とSBIがそれぞれ20億円を出資する。

SBIは、200億円のファンドを運用する。だまっていても、手数料が年間3%として6億円ふところに入る。また、うまく事態を収拾させることができれば、敵対的買収からの防衛のプロとしての評価が定着し、コンサルタント契約がSBIに殺到するだろう。契約料は、1社当たり数千万円や数億円になるはずである。

ＳＢＩは、この提携の「担保」としてニッポン放送からフジテレビ株を借り入れたといっている。どうして、ポニーキャニオン株ではなく、フジテレビ株なのかという疑問はのこるが、あくまで事業推進のために貸し出したもので、経営陣交代を見越した焦土作戦ではなかったということである。したがって、たとえ、ニッポン放送の取締役会の多数をライブドア派がしめても、契約の破棄はむずかしいかったであろう。

こうして、ニッポン放送は、保有するフジテレビ株を大和証券ＳＭＢＣ（8・6％を2年間）につづいて、ＳＢＩ（13・9％）に議決権付きで5年間貸し出したことで、ライブドアがニッポン放送株の過半数を獲得したものの、フジテレビへの影響力を行使することはできなくなった。もちろん、ライブドアがフジテレビにＴＯＢをしかけて過半数を取得することは不可能ではなかったが、無理があった。

したがって、ニッポン放送株買収劇は、3月25日で第一幕が下りた。というのは、ソフトバンク・グループが、ライブドアの乗っ取りからフジテレビを救済する「ホワイトナイト」、というより「正義の味方」として満を持して登場したからである。「錦の御旗」があがった。

ライブドアがあくまでフジテレビ買収に固執すれば、「賊軍」の汚名をきせられることになった古い体制に風穴をあけてくれるということで、ある程度は国民の支持もあったライブドアが、完全に悪者にされてしまう。

ＳＢＩの北尾氏のいうような「大人の解決」ということで、保有するニッポン放送株を売却してもうけたら、やっぱり売り抜けたとか、グリーンメーラーだったと世論の集中砲火をあびる。もし、買値かそれより安く売ったら無能経営者の烙印をおされ、ライブドアの株価は暴落するであろう。当面は、ニッポン放送の経営に専念するしかなかった。

だから、高裁決定で勝利したライブドアの社長が記者会見で、ニッポン放送を経営するという謙虚な態度をみせたのであろう。しかし、ラジオなど意味がないといってきたのに「従業員様」のためにがんばるでは、「なんだあいつは」とか「二枚舌」だということになってしまった。ニッポン放送の企業価値向上の経営もむずかしかった。

絶妙のタイミングで出てきたのが、ソフトバンク・グループである。でも、どうして「ホワイトナイト」なのか、まったくわからなかった。そもそも、かつてソフトバンク・グループ代表の孫正義氏は、テレビ朝日乗っ取りをおこなおうとして失敗した人物である。結局、買値で売らざるをえなかった。

このソフトバンク・グループがフジ・サンケイ・グループを手に入れられる千載一遇のチャンスを見逃さなかったということが事態の本質であろう。しかも、国民の支持を得て。さっそく、ソフトバンク社長は、4月の入社式で「大人のソフトバンク」とあいさつした。したたかである。

フジテレビは、「毒」をもって「毒」を制したつもりが、結局は、「毒」がまわってしまったということがないようにしなければならなかった。ソフトバンク・グループが、「毒」かどうかはいずれあきらかになっただろうが。ただ、フジ・サンケイ・グループがソフトバンク・グループの傘下に入り、資本の論理で放送局がうごくとすれば、放送の公共性がそこなわれるのではないかということが危惧された。

かくして、フジテレビとライブドアは、ソフトバンク・グループの排除で利害が一致し、和解することになった。

現代のインフレはどうあらわれるか

みてきたように、日本にも、会社が日常的に売買されたり、マネーゲームで金をもうけることが美化される時代が到来したようである。しかしながら、それが日本にとってほんとうにいいことなのであろうか。最後に、経済システムのあり方を考えてみよう。

資本主義というのは、高性能の機械が導入され、生産規模も巨大になっていくという、生産性の向上によって発展する。

そうすると、ものづくりにはげむ人が少なくても、多くの人びとを物的にやしなうことができる。それが、人びとの健康を守る医者とか、子供を健全にそだてる教育者とか、知らないところに人びとを案内する輸送業者・旅行業者とか、人間性を豊かにする芸術家とかをやしなうのであれば、人間社会の発展に役立つ。

ところが、20世紀から21世紀にかけて、金融の肥大化が顕著になってきた。デリバティブという「高度」な金融技術をつかうことで、巨額の資金をうごかして、金融システムに巨大な影響をあたえることができるようになった。また、生産に必要な資金というのは、あまり必要でなくなったので、金あまり現象が目立つようになった。

そうすると資産インフレというバブル現象が発生しやすくなった。ところが、物価一般があがるインフレは、生じなくなった。それは、ふたつの理由による。

ひとつは、経済がグローバル化してきたからである。ある国でインフレが発生するとその国の通貨が安くなる。そうすると、インフレからのがれて、資金が急速に海外に流出する。戦前ですらインフレ政策をとるときには、内外資本移動を規制した。これだけ国際化した現代、それは不可能である。

もうひとつは、さまざまな金融手法が開発され、金融取引の規模が巨大なものになったが、そこに巨額の資金が流れるようになったので、資産インフレが生ずるようになった。本来、ものにながれたらインフレになるのに、そうならなくなったのである。

現代のインフレは、すさまじい金あまり現象によって、資産価格が上昇するものとしてあらわれている。20世紀末のアメリカのネット株に世界の資金が投入され、ネットバブルがはじけると、しばらく、国債などの安全資産に資金が退避した。

アメリカの景気回復と中国経済の高揚で一次産品価格が上昇しはじめると、石油の先物に資金が集中した。原油価格は、1バレル当たり60ドルちかくまで高騰した。

日本では、平成大不況期にアメリカ金融資本が日本の土地を安値で買い叩いた。企業再生ビジネスでもしこたまもうけた。

２００４年には、りそなグループへの公的資金導入を事前に察知したと思われるアメリカ金融資本は、日本の株式市場に殺到した。もちろん、これは、株式市場の高揚によって、景気を回復させようという日本政府の意向をうけたものであろうが。景気が回復したとなれば、地価の下落もとまるとして、都心を中心に資金が投入された。

そして、綿密に検討してきたアメリカ金融資本は、ついに、世界的な水準からすれば、かなり株価の低い日本の株式市場にねらいをさだめたのである。

平和でほんとうに豊かな世界を

戦争と革命、冷戦など殺伐とした20世紀もようやく終わり、21世紀こそ、平和で幸せな、そして真に豊かな世紀になってほしいものである。だが、残念ながら、一人一人は誰もそう思っているのに、そうなっていない。

日本経済は、戦後、歴史上まれにみるような高度成長をへて、１９８０年代後半には、これまた歴史上数回しかないバブル経済を謳歌した。

戦後の日本経済は、実体経済部面では大量生産・大量消費という資本主義経済の典型的な発展をとげた。その合言葉こそ「消費は美徳」であり、徳川吉宗以来の質素倹約の思想は忘れ去られた。その帰結としてバブル経済が崩壊して平成大不況にみまわれた。

平成大不況下では、節約は貧乏神のようにいわれ、「金があるのに浪費しないから景気が回復しない」といわれた。しかし、そうではないであろう。

人類は、20世紀前半に2度の世界戦争、後半に冷戦という世界戦争を体験した。この世界戦争によって科学・技術は、超絶的な発展をとげ、ついには、人類は、動植物がいまのままでは存続しえないところまで自然環境を破壊し尽くした。

この自然破壊は、冷戦終結後に世界の資本主義経済の行動原理になりつつあるアメリカの市場原理主義・市場至上主義によって加速度的にすすめられている。「我が亡き後に洪水はきたれ」という資本の論理を極限まで突きつめる、アメリカ金融資本の行動原理を世界的規模で徹底させようとするものこそグローバル・スタンダードにほかならない。

われわれは、いまこそアメリカ型資本主義に典型的にあらわれた企業の収益最優先の行動原理を拒否しなければならない。その生みのくるしみこそ平成大不況であった。

世上、他人事のようにいわれる「失われた10年（それではすまなかったが）」などではけっしてない。21世紀の人類の行く末をしっかりとさししめすことが不可欠である。21世紀は、平和で幸せな、そして真に豊かな人間社会をめざすべきである。

これからも、金を右から左に動かすだけで膨大な浮利が得られるようなことを拒否して、「額に汗して安くていいものをつくる」という日本のよき伝統・美風を堅持していくことが必要である。

したがって、経済政策担当者や企業経営者は、金融資本や投機家に莫大な浮利をみすみす「献上」するような経済・金融システムのゆがみを放置してはならない。不合理な企業経営をおこなってもいけない。ニッポン放送買収劇は、このことをわれわれに教えてくれた。

相沢幸悦（あいざわ・こうえつ）
1950年秋田県生まれ。1978年、法政大学経済学部卒業後、86年、慶應義塾大学大学院経済学研究科博士課程修了。89年、日本証券経済研究所研究員に。96年には、長崎大学経済学部教授、現在は埼玉大学経済学部教授。同時に、日本証券経済研究所の客員研究員も務める。著書は『ユニバーサル・バンキング』（日本経済新聞社）、『ヨーロッパ単一通貨圏』（東洋経済新報社）、『日本の金融ビッグバン』（ＮＨＫ出版）、『ユーロは世界を変える』（平凡社）など多数。近刊として、『アメリカ依存経済からの脱却』（ＮＨＫブックス）。

幸せな企業買収 不幸せな企業買収
マネーゲームM&Aの正しい読み方

発行日　二〇〇五年五月二十五日　初版第一刷

著者　相沢幸悦
発行人　仙道弘生
発行所　株式会社 水曜社
〒160-0022 東京都新宿区新宿一—一四—一二
電話　〇三—三三五一—八七六八
ファックス　〇三—五三六二—七二七九
www.bookdom.net/suiyosha/

印刷　中央精版印刷
企画編集　ブックダム
制作　青丹社

ISBN 4-88065-145-1 C0034